変わる時代の金融論

FINANCE IN NEW ERA

著・前田真一郎
西尾圭一郎
高山晃郎
宇土至心
吉川哲生

有斐閣ストゥディア

はしがき

　現代社会は，大きく変化しています。なかでも金融取引におけるデジタル化の進展はめざましいものがあります。私たちの生活において，多くの人々がスマートフォンを持ち，あまり現金を持ち歩かなくなりました。スマートフォンを使ってお金を電子的に送金することも多くみられます。またデジタル化の進展に伴い，金融サービスの提供者は，金融機関だけではなく多様化しています。

　これまで金融は，IT（情報技術）の進展に伴い変化してきました。金融とはお金を融通することですが，お金を融通する際には，情報の取り扱いが生じます。金融業が情報産業といわれるのはこのためです。たとえば，お金を貸す場合，借り手の返済能力についての情報を収集・分析・評価する必要があります。金融業は，古くから貸金庫のようなお金の保管や移動といった業務を除けば，多くの活動が情報の収集や処理に関わるものです。社会のデジタル化が進む時代に，金融の情報産業としての側面はますます強まっています。最近では，SNS（Social Networking Service の略称で，登録された利用者によるウェブ上の交流サイト）などを通じて，情報が一気に拡散することがあります。海外では銀行の経営危機の情報が広がり，個人が一斉に預金を引き出すなど金融行動を左右するようなことも起きています。

　現代における金融の変化は，いくつかの場面でみられます。経済環境の変化としては，物価上昇が挙げられます。近年，世界各国でインフレーション（物価が継続して上昇する状態）が進み，政策金利が引き上げられています。日本では，長きにわたりデフレーション（物価が継続して下落する状態）が続いてきましたが，最近ではインフレーションの兆しもみられます。インフレーションは，金融市場の変動を通じて，私たち個人の金融取引に影響を与えます。各国の政策金利が変化すると，為替相場が変動します。たとえば2022年における円ドルレートは，1ドル113円台から150円台まで，1年間で30％以上も変動しました。為替相場の変動は，輸入品の価格や私たちの海外旅行時の支払いに影響を与えます。またインフレーションが進むと，家計・個人の消費行動が変化していきます。多くの個人が将来にわたってインフレーションが続くと予想（期待）するならば，値段が上がる前に消費しようと考えます。消費行動の変化は，

貯蓄にも影響を与えます。将来的に，物価上昇とともに金利も上がっていくのであれば，貯蓄の中身，すなわち金融資産の運用を考える必要が出てきます。

　本書は，変わる時代における金融論の変化に着目しました。金融論というと難しく感じるかもしれませんが，私たちの身近なところから，金融において変わる部分を探してみました。おもに変わっているのは，金融の手段です。たとえば，キャッシュレス化が進展し，支払手段が現金からクレジットカードやモバイル決済に変わっています。その一方で，変わらない金融の機能もあります。支払手段が変わったとしても，お金を支払い決済するという機能は変わっていません。変わる金融に着目すると同時に，変わらない金融の機能についても意識しながら，その基礎となる金融論を見つめ直すことができればと考えています。

　その際，金融の基礎理論を踏まえながら，私たち個人からみた金融について意識しました。企業に関わる金融については，従来からコーポレートファイナンスという分野があり，研究が進められてきました。私たち個人にとっても，金融の基本的な事項を学習することは，金融に関わる意思決定を行ううえで重要なことです。このような個人に関わる金融の分野は，パーソナルファイナンスと呼ばれています。自分のお金は，自分で守っていかなければなりません。私たちはお金をどのように使っていけばよいのか，将来の金融資産をどのように運用・管理していけばよいのかなどを考える参考になればと考えています。

　本書は，金融を基礎から学ぶ方々を対象に考えています。たとえば大学などで初めて金融を学ぶみなさんを意識しています。各章の「イントロダクション」では，変わる時代の金融について興味が湧くように，身近な事例を挙げながら説明しています。各章の節の後には，POINT として重要な点を箇条書きにしてまとめました。また各章ごとに確認問題として EXERCISE があります。理解度を確かめるために，POINT や EXERCISE を活用してください。さらに各章の内容をより深く勉強したい方のために，「読んでみよう」という参考文献リストとその概要説明を記載しています。本書を金融の入り口として，思考の幅を広げられるようにしています。本書の構成および各章の要点は，以下に示すとおりです。

第1章は，経済を支える金融について説明しています。現代においては，お金の流れが変化しています。また多くの人々がスマートフォンを持ち，個人を中心とした金融取引に変化がみられます。金融取引の手法は変化していますが，変わらない金融の機能もあります。金融の機能や金融システムなどを説明しながら，金融全般について考察しています。

第2章は，私たちが生きていくうえで必要なお金について学びます。お金は，金融はもとより，種々の経済活動においても，それを支える基盤となるものです。お金は支払いの実現だけでなく，モノの価値を測る基準になり，価値を維持したまま保存する機能など，多様な機能を持っています。お金の本質的な機能を整理したうえで，ICT（情報通信技術）と結びついた新しい現象について考察します。

第3章は，銀行について説明します。銀行は，預金を受け入れることができるため，特別な存在です。預金は経済取引において重要であり，最終的な決済の多くは預金を通じて行われています。また銀行を取り巻く環境の変化は，銀行の業務内容を変化さらには多様化させました。その一方で，変わる時代においても，変わらない銀行の機能があることを学びます。

第4章は，証券について説明します。これまで日本の金融システムにおいては，銀行が中心的な役割を果たしてきました。その一方で，日本の証券市場も拡大しています。また近年では，貯蓄から投資への取り組みが強化されています。資産運用において重要な証券の評価などについて学びます。

第5章は，企業と家計の金融取引について考察します。企業が資金余剰となっている時代において，企業の資金運用の重要性が高まっています。企業が資金運用を行う際は，最適な資本構成を見出すことが必要です。また日本政府により，家計の勤労所得に加え金融資産所得も増やしていくという方針が示されています。家計・個人においても金融資産をどのように運用・管理していくのかを考えてみます。

第6章は，金融機関について説明しています。私たちの身の回りには，さまざまな金融機関があります。金融機関は，私たちと金融取引を行うことで，お金を経済に回す役割を果たしています。最近では，金融機関も大きく変化しています。インターネットでサービスを提供する金融機関が登場したり，金融機

関同士の統合が進んでいます。日本の金融機関の役割や特徴について学びます。

　第7章は，金融市場について説明しています。金融市場では，お金の貸し借りや金融商品の売買が行われます。金融市場は，お金を取引する場といえます。取引の期間や種類に応じて，金融市場もいくつかに分けることができます。また近年，暗号資産やクラウドファンディングなどの新しい金融取引が注目を集めています。金融市場や新しい金融取引の仕組みについて学びます。

　第8章は，中央銀行について説明しています。みなさんが使っている紙幣を発行しているのは日本銀行です。日本銀行は日本の中央銀行であり，預金や貸出業務を行う民間の銀行とは異なる役割を担っています。中央銀行そのものや中央銀行の行う金融政策などを学ぶことで，世の中のお金の流れの根幹について考察します。

　第9章では，新しい時代の金融政策について学びます。これまで日本をはじめ世界の多くの国では，大規模な金融緩和が行われてきました。新型コロナウイルス感染症拡大の影響もあり，それらの金融緩和は長期間にわたりました。しかし近年では，日本でも物価が上昇に転じています。今後，金融政策がどう変化していくのか注目されます。

　第10章は，為替相場の変化という観点から，グローバル化と国際金融について考察します。経済のグローバル化が進み，お金は世界を動き回っています。このお金の動きには，為替相場が密接に関係しています。為替相場の変化は，経済や金融市場に影響を与えます。近年では，為替相場の変動が大きく，輸入品価格の変動など私たちの生活に影響を与えています。

　第11章は，ICTの進展によって様変わりしつつある金融の新しい姿について考察します。近年では，モバイル決済や金融関連のアプリ（アプリケーション・ソフトウェア）などが身近になり，ICTと金融の結合が急速に進んでいます。そこで，どのようなサービスが登場し，金融がどのように変化しているのかを整理することで，デジタル化が進む社会における金融に関する理解を深めます。

　本書の出版にあたり，有斐閣の長谷川絵里さんには大変お世話になりました。長谷川さんとは，これまでも教科書等の出版を行ってきましたが，今回は変わる時代の金融を意識するよう，ご提案をいただきました。偉大な金融の先生方

の研究を継承しながら，時代の変化にあわせて金融論も進化させていく必要があります。変わる時代の金融をどれほど捉えられたかはわかりませんが，著者一同このような書籍の執筆を行うことにより，現代の金融論を意識して見直すことができたと思っています。対面ではなく，オンラインでの打ち合わせを続けるなかでの出版も，変わる時代を映しているのかもしれません。有斐閣のみなさんには，心から感謝とお礼を申し上げます。

2023 年 6 月

著者を代表して　前田真一郎

著者紹介

前田真一郎（まえだ　しんいちろう）　　**第1章，第5章**

　九州大学大学院経済学研究院准教授・総長補佐

　九州大学大学院経済学府博士後期課程修了。博士（経済学）

　〈主要著作〉『米国リテール金融の研究』日本評論社，2014年；『アメリカの金融制度と銀行業』有斐閣，2023年

西尾圭一郎（にしお　けいいちろう）　　**第2章，第10章，第11章**

　大阪公立大学大学院経営学研究科准教授

　大阪市立大学大学院経営学研究科後期博士課程修了。博士（商学）

　〈主要著作〉『インドの産業発展と日系企業』（分担執筆）神戸大学経済経営研究所，2017年；『英米の大手銀行と日本の地方銀行』（共著）松山大学総合研究所，2018年

高山　晃郎（たかやま　あきお）　　**第3章，第4章，第10章**

　名城大学経営学部教授

　九州大学大学院経済学府博士後期課程単位修得退学。博士（経済学）

　〈主要著作〉「金融グローバリゼーションと米国の対外証券投資」『名城論叢』第14巻第1号，2013年；『サブサハラ・アフリカの金融市場の構造』同文舘出版，2022年

宇土　至心（うと　まこと）　　**第6章，第7章**

　北海学園大学経済学部准教授

　九州大学大学院経済学府博士後期課程単位修得退学。博士（経済学）

　〈主要著作〉「近年日本における『TOB価格』について」『九州経済学会年報』第48集，2010年；「A. S. デューイングの財務論と企業価値評価」『季刊北海学園大学経済論集』第64巻第2号，2016年

吉川　哲生（よしかわ　てつお）　　**第8章，第9章**

　札幌学院大学経済経営学部准教授

　横浜国立大学大学院国際社会科学研究科博士課程（後期）単位修得退学。修士（経済学）

　〈主要著作〉『国際通貨体制と世界金融危機』（分担執筆）日本経済評論社，2011年；『現代金融論（新版）』（分担執筆）有斐閣，2016年

目　次

はしがき —— i
著者紹介 —— vi

CHAPTER 1 お金と経済 —— 1
経済を支える金融

イントロダクション（2）

1 資金循環統計 …… 2
フローとストック（2）　金融取引表（3）　金融資産・負債残高表（3）

2 現代における金融取引 …… 6
キャッシュレス決済（6）　電子マネーの普及（8）　個人間送金（9）　銀行取引（10）　証券取引（10）　保険取引（11）　金融サービス提供者の多様化（12）

3 金融の機能と役割 …… 13
金融の機能（13）　時間，空間を越えた資源配分（13）　リスク管理（13）　決済（14）　資源の蓄積と所有権の分割（14）　情報提供（15）　インセンティブ問題への対処（15）

4 金融システムと経済発展 …… 16
日本の経済成長率（16）　日本における金利の動向（17）　銀行型の金融システム（17）　リスクの配分からみた金融システム（18）　情報の視点からみた金融システム（19）　リスクと金融システム（19）

CHAPTER 4　お金を直接調達する　　　　　　　　　67
証券市場と直接金融

CHAPTER 5　経済をめぐるお金　　　　　　　　　89
企業や家計の金融取引

お金を経済に回す担い手　　　　　　111
金融機関

CHAPTER 11

デジタル化する金融 211

金融と情報通信技術

Column 一覧

イラスト：ヒノアユミ

第 1 章

お金と経済

経済を支える金融

経済において金融はどのような役割を果たしているのだろうか？

KEY WORDS

- ☐ 資金循環統計
- ☐ フローとストック
- ☐ 資金過不足
- ☐ キャッシュレス決済
- ☐ 個人間送金
- ☐ インターネットを通じた金融取引
- ☐ 金融の機能
- ☐ 経済成長率
- ☐ 金融システム
- ☐ 金融のワンストップ・ショッピング

　金融における変化の象徴的な事象は，お金の流れの変化です。金融とはお金を融通することですが，お金は余剰資金を持っている（資金余剰）主体から資金が不足している（資金不足）主体へ流れていきます。伝統的な金融論の教科書では，資金余剰主体として家計，資金不足主体として企業を想定していました。しかし現在では，家計のみならず企業も資金余剰となっています。それに対し，政府が資金不足となっています。企業および家計部門の余剰資金は，資金不足主体である政府部門に流れているのです。現代においてお金の流れは大きく変化しています。

　資産残高でみると，家計の金融資産残高は 2000 兆円を超え，企業の金融資産残高も 1300 兆円を超えています。一方で，政府は国債を多く発行してきました。日本国債の残高は増加を続け，1000 兆円を超えています。企業と家計の金融資産残高をみると，お金は余っているように感じます。本章では，変わる時代の金融と経済についてみていきましょう。

1 資金循環統計

フローとストック

　お金の流れをみるための統計として，**資金循環統計**があります。資金循環統計は，各国の中央銀行が作成しており，日本の場合は日本銀行が作成しています。資金循環統計は，一国で生じる金融取引や，その結果として保有された金融資産・負債を，家計や企業，政府といった経済主体ごとに記録した統計です。

　資金循環統計は，具体的には，部門と取引項目の 2 つから構成されます。部門とは，経済主体である企業，家計，政府，金融機関，海外などのことです。取引項目とは，現金・預金，貸出，借入，証券，保険などの金融取引です。これらの金融取引が，各部門の資産（資金運用）と負債（資金調達）に分けて開示されています。

また資金循環統計では，**フローとストック**の数字が分けて開示されます。フローとは，ある一定期間に取引された資金の量を示すのに対し，ストックとは，ある一時点に存在する資金の量を示しています。

　資金循環統計をフローの数字で表した表として金融取引表，ストックの数字で表した表として金融資産・負債残高表があります。金融取引表とは，金融取引によって生じた資産・負債の増減を経済主体別に示したもので，ある期間の資金運用と調達の差額を，**資金過不足**という項目に記録しています。金融資産・負債残高表は，金融取引の結果として保有される資産・負債の残高を経済主体別に示したものです。

金融取引表

　お金の流れをフローの数字である金融取引表でみてみましょう。従来は，家計部門の余剰資金を資金不足の企業部門などに，どのように融通していくかが重要でした。日本において家計部門は，資金余剰主体であり，安定的な資金供給源として位置づけられてきたのです。この資金過不足の状態は，先進国に共通してみられた現象でした。日本の部門別資金過不足推移をみると，1990年代半ばまで，家計部門が資金余剰，企業部門が資金不足という状態がみられていました（図1.1）。企業部門は長らく資金不足主体でしたが，90年代後半に資金余剰主体となっています。2021年度も企業は資金余剰です。一方，政府部門は90年代から資金不足主体となり，恒常的に資金不足となっています。このように日本の部門別資金過不足推移をみると，90年代後半以降，企業および家計部門が資金余剰主体となっています。企業および家計部門の余剰資金は，資金不足主体である政府部門に流れているのです。

金融資産・負債残高表

　次に，ストックの数字である金融資産・負債残高表でみてみましょう。2022年12月末における日本の金融資産・負債残高を，経済主体ごとに以下4つの部門に分けて考察してみます（図1.2）。

　第1に，家計部門についてです。家計部門が資金運用している資産残高は2023兆円あり，これが家計の金融資産残高です。家計の金融資産残高は，増

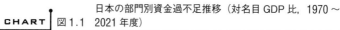

日本の部門別資金過不足推移（対名目GDP比，1970～
CHART 図1.1 2021年度）

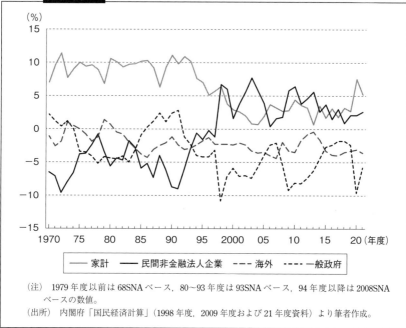

（注）　1979年度以前は68SNAベース，80～93年度は93SNAベース，94年度以降は2008SNA
ベースの数値。
（出所）　内閣府「国民経済計算」（1998年度，2009年度および21年度資料）より筆者作成。

加を続けてきました。家計の金融資産残高のうち現金・預金が1116兆円と過
半を占めており，証券は311兆円，保険・年金・定型保証は536兆円となって
います。家計の預金の多くは，銀行の負債である預金として計上されています。
一方，家計部門が資金調達している負債残高は379兆円あります。このうち借
入が363兆円あり，おもに住宅ローンなどで借り入れています。

　第2に，企業部門についてです。企業部門は，金融機関以外の法人という意
味で民間非金融法人企業と表記されます。企業部門が資金運用している資産残
高は1302兆円あり，家計部門（2023兆円）に次いで大きくなっています。一
方，企業部門が資金調達している負債残高は1845兆円あり，資産残高（1302
兆円）を上回っています。負債残高のうち借入は485兆円であるのに対して，
証券が1045兆円，うち上場株式による調達が622兆円となっています。企業
は，おもに銀行などの預金取扱機関から借入を行っています。銀行の資産であ
る貸出は927兆円あります。企業の借入（485兆円）は，家計の借入（363兆円）
を上回っていますが，あまり増えてきませんでした（➡第5章）。

日本における部門別の金融資産・負債残高（2022年12月末）

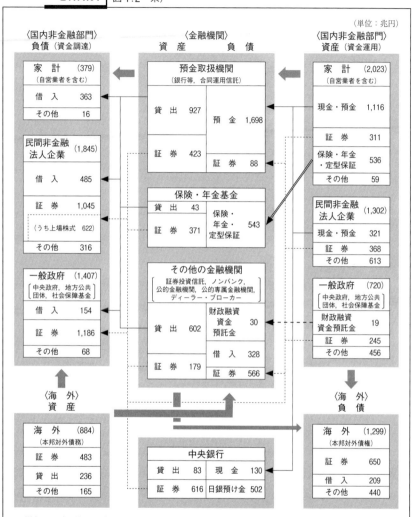

（単位：兆円）

〈国内非金融部門〉
負債（資金調達）

〈金融機関〉
資　産　　　負　債

〈国内非金融部門〉
資産（資金運用）

家　計 (379)
（自営業者を含む）

借入	363
その他	16

預金取扱機関
（銀行等，合同運用信託）

貸出	927	預　金	1,698
証券	423	証　券	88

家　計 (2,023)
（自営業者を含む）

現金・預金	1,116
証　券	311
保険・年金 ・定型保証	536
その他	59

**民間非金融
法人企業** (1,845)

借　入	485
証　券	1,045
（うち上場株式 622）	
その他	316

保険・年金基金

| 貸出 | 43 | 保険・
年金・
定型保証 | 543 |
|---|---|---|---|
| 証券 | 371 | | |

**民間非金融
法人企業** (1,302)

現金・預金	321
証　券	368
その他	613

一般政府 (1,407)
中央政府，地方公共
団体，社会保障基金

借　入	154
証　券	1,186
その他	68

その他の金融機関
証券投資信託，ノンバンク，
公的金融機関，公的専属金融機関，
ディーラー・ブローカー

| 貸出 | 602 | 財政融資
資金
預託金 | 30 |
|---|---|---|---|
| | | 借　入 | 328 |
| 証券 | 179 | 証　券 | 566 |

一般政府 (720)
中央政府，地方公共
団体，社会保障基金

| 財政融資
資金預託金	19
証　券	245
その他	456

〈海　外〉
資　産

〈海　外〉
負　債

海　外 (884)
（本邦対外債務）

証　券	483
貸　出	236
その他	165

中央銀行

貸出	83	現　金	130
証券	616	日銀預け金	502

海　外 (1,299)
（本邦対外債権）

証　券	650
借　入	209
その他	440

（注）　1　主要部門，主要項目を抜粋して資金循環のイメージを示している。

　　　　2　貸出（借入）には，「日銀貸出金」「コール・手形」「民間金融機関貸出」「公的金融機関貸
　　　　　出」「非金融部門貸出金」「割賦債権」「現先・債券貸借取引」が含まれる。

　　　　3　証券には，「株式等・投資信託受益証券」および「債務証券」（「国債・財投債」「金融債」
　　　　　「事業債」「信託受益権」等）が含まれる（本邦対外債権のうち証券については，「対外証
　　　　　券投資」）。

　　　　4　その他には，合計と他の表示項目の差額を計上している。

（出所）　日本銀行調査統計局［2023］「参考図表　2022年第4四半期の資金循環（速報）」3月17
　　　　日，図表1より引用。

第3に，政府部門についてです。政府部門は，中央政府，地方公共団体，社会保障基金の3つを合わせた一般政府として表記されています。政府部門の資産残高は720兆円，負債残高は1407兆円です。負債残高のうち証券が1186兆円に達しており，国債を中心に政府の負債が大きくなっています。この政府の負債は，その他の経済主体が，おもに金融資産として国債を保有することで支えられています。とくに銀行および中央銀行が資金運用している証券が国債投資に回っています。銀行の資産である証券は423兆円，中央銀行の資産である証券は616兆円に上ります。

第4に，海外部門についてです。海外部門の資産は，外国人による日本での資金運用であり，海外部門の負債は，日本人による海外での資金運用です。海外の資産残高は884兆円あり，外国人による日本の株式投資などがおもなものです。一方，海外の負債残高は1299兆円あります。海外の負債残高の内訳では，対外証券投資が大きく，日本人が外国の株式や債券に投資しています。

POINT

- ■ 資金循環統計は，経済主体ごとに金融取引（フロー）や金融資産・負債残高（ストック）を記録した統計です。
- ■ 資金循環統計をフローでみると，家計と企業が資金余剰，政府が資金不足となっています。
- ■ 資金循環統計をストックでみると，家計の金融資産残高と政府の負債残高が大きくなっています。

2 現代における金融取引

| キャッシュレス決済 |

私たちの生活において，金融取引の方法が変化しています。私たちの身近で顕著な動きは，支払方法の変化でしょう。これまで私たち個人が商品やサービスを購入する際には，おもに現金で支払いを行ってきました。どこかに出掛ける際には，財布のなかに現金を入れて持っていくのが当たり前でした。それが

いまでは，多くの人がスマートフォンを持ち，QRコードなどを使って支払いを行っています。このような支払方法の変化は，キャッシュレス化を促進する動きにつながっています。

　経済産業省は，キャッシュレスについて，「物理的な現金（紙幣・硬貨）を使用しなくても活動できる状態」をさすとしています。具体的には，キャッシュレス決済の比率を，クレジットカード，デビットカード，電子マネー等の決済合計額をもとに算出しています。日本におけるクレジットカード，デビットカード，電子マネー決済合計額の民間最終消費支出に対する比率は，2003年の8％から，16年には20％，22年には36％へ上昇しました（➡第2章）。日本政府は，このキャッシュレス決済比率を25年までに40％程度，将来的には80％にする目標を掲げています。キャッシュレス化を推進するためには，政府などの政策に加え，消費者や加盟店の動向，金融機関の戦略など多方面から考えていく必要があります。

　日本におけるキャッシュレス決済のなかで最大のものは，クレジットカードの利用です。日本におけるクレジットカード発行枚数は3億101万枚（2022年3月末）で，アメリカ，中国に次いで世界で3番目に多くなっています。日本の20歳以上人口1人当たりでは，クレジットカードを2.9枚持っていることになります。2022年における日本のクレジットカードショッピング取扱高は，前年比15.8％増の93兆7926億円となりました。クレジットカードの利用は拡大が続いています。背景には，クレジットカードの利用可能な範囲が広がってきたことがあります。たとえば，日本で現金支払いが当たり前だったタクシーの利用は，いまではクレジットカードが使えるようになっています。電気代やガス代など公共料金の支払いにもクレジットカードが利用できます。利用可能な範囲が広がるなかで，クレジットカードの利用が拡大していったのです。

　日本のクレジットカードの利用で特徴的だったのは，クレジットカードの利用代金を銀行口座からの自動引き落としによって支払う様式が定着したことです。日本では，1955年に日本電信電話（後のNTT）が通話料金の銀行口座振替を開始し，その後，公共料金や学費，保険料など広い範囲で銀行口座振替が利用されていきました。日本ダイナースクラブは，民間企業としては初めて62年からクレジットカードによる銀行口座自動引き落とし制度を開始しています。

それ以降，日本におけるクレジットカード利用代金の最終的な支払いは，銀行口座振替が多く利用されるようになりました。銀行口座振替は，月に1回，決められた日に行われます。そのため，クレジットカードはマンスリークリアと呼ばれる翌月1回払いが多く利用されてきました。このような歴史的な背景もあり，日本ではデビットカードの利用が限定的となっています。デビットカードは，カードの利用金額が銀行口座から即座に引き落とされるサービスです。私たちが保有している銀行のキャッシュカードには，デビットカード機能が付いているものが多いのですが，その利用は限定的となっています。欧米の先進国ではデビットカードの利用がキャッシュレス化を牽引しています。世界的にキャッシュレス化の動きがみられますが，その中身は国によって違いがあります。

電子マネーの普及

　世界的にみて，日本で特徴的なのは，電子マネーの普及です。日本の電子マネー発行枚数は，携帯電話に搭載されたものを含め5億21万枚（2022年末）であり，世界最多となっています。電子マネーは，広義には支払いに与信機能を与える後払い（ポストペイ）式のものも含まれますが，日本で普及しているのは利用前にチャージしておく前払い式の電子マネーです。日本では大都市圏を中心に電車の乗り入れが多く，現在では交通系ICカードで乗車すると現金に比べ割引のサービスも得られる場合もあることから，とくに交通系電子マネーが普及しています。また電子マネーにポイントを付加し，電子マネーの利用を通じて顧客を囲い込む動きが活発化しています。これら日本の電子マネーは，交通系や流通系など母体となる事業を持ち，顧客を囲い込むツールとして利用されることが多くなっています。そのようなこともあり，日本の電子マネー利用額は世界最大となっています。

　近年では，スマートフォンや携帯電話を使ったモバイル決済が広がっています。モバイル決済といっても，小売店の店頭でスマートフォンや携帯電話を読み取り機にかざして支払いを行うものや，アプリ（アプリケーション・ソフトウェア）等を利用して支払いを行うものなどさまざまな形態があります。日本でモバイル決済は，通常，スマートフォンのなかに設定されたウォレット（財

布）というアプリのなかに，カード情報や銀行口座情報を取り込む形で利用されることが多くなっています。カード情報は，クレジットカード，デビットカード，電子マネー等のなかから自分で選んで利用することができます。これまで日本では，モバイル決済の多くは電子マネーが利用されてきました。

　このような支払手段の多くは，個人が支払いをする際の利便性を向上させています。たとえば，電子マネーを利用する際に，専用のカードではなく，携行するスマートフォンにより支払いができるのは便利です。それは支払いの媒体でみると，カードからスマートフォンに代わったということになります。これは，支払方法が重層化している動きと考えられます。ただし，モバイル決済を手掛ける業者の多くは赤字が続いてきました。支払手段の多様化によるキャッシュレス化の進展は，収益化を伴うことが課題となっています。

　なお，キャッシュレス化という言葉は，現金（紙幣・硬貨）が減少していくという印象を与えるかもしれません。しかしながら，キャッシュレス化とは，必ずしも現金が減少していくなかで達成されるものではありません。日本での現金流通残高は，1988 年末の 35 兆 1800 億円から 2020 年末には 123 兆 3800 億円に増加し，GDP（国内総生産）に対する現金流通残高の比率は 88 年末の 9.0％から 20 年末には 22.9％に上昇しました。近年において現金流通残高が増加する傾向は，アメリカなどでも同様にみられます。

個人間送金

　支払方法だけでなく送金方法も変化しています。食事会などで支払いをする際には，幹事の人が現金を集めて回る光景がみられました。それがいまでは，スマートフォンのウォレットに入っているお金を電子的に送金することで処理することも多くなっています。これまで送金するには，それぞれの銀行口座が異なることが多く，銀行間で送金すると手数料が発生していました。しかし，**個人間送金**は，同じ支払媒体を使っている場合には，電子マネーの増減で取引できるようになっています。このように送金方法に劇的な変化が起こりました。

　こうしてお金を電子的に送金できるようになると，お金の移動は必ずしも現金に限定される必要はなくなってきます。そこで登場したのが，ビットコインやデジタル通貨です。現在では，中央銀行が銀行券を発行する発券銀行として

の機能を持ちますが，その銀行券をデジタル化することが検討されています。日本で中央銀行デジタル通貨の発行は，研究および検討されている段階にあります。

銀行取引

　私たちが銀行取引する際は，スマートフォンやパソコンでインターネットバンキングを利用して行うことが多くなっています。インターネットバンキングとは，インターネットを利用した銀行などの金融取引サービスです。インターネットバンキングでは，銀行の営業時間を気にせずに振込や残高照会などを行うことができます。インターネットバンキングを利用する際には，利用者を識別するため，契約者番号などのIDやパスワードが必要となります。個人情報を盗み出すフィッシング詐欺などの危険性も増大しているため，これらパスワードの管理などがきわめて重要となっています。

　インターネットバンキングの利用が拡大し，私たちが銀行へ行く機会も減ってきました。それに伴い，銀行の店舗数も減少しています。またインターネットを中心にサービスを提供するインターネット専業銀行が増えています（➡第6章）。これまで送金や決済サービスは，預金を受け入れることができる銀行が独占してきました。しかし，インターネットやスマートフォンの普及により，競争環境は変化しました。決済は，最終的には預金口座を通じて行われることが多いですが，銀行以外による安価で便利な送金や決済サービスが普及していくと，銀行は顧客との接点を失っていくことになります。銀行取引の変化は，銀行のあり方そのものを見直す契機となっています。

証券取引

　インターネットを通じた金融取引の動きが早くからみられたのは，証券取引です。インターネットを通じて株式の売買注文など証券取引サービスを行うネット証券が台頭してきました（➡第6章）。投資家が証券会社を通じて証券取引を行う際には，証券売買委託手数料を払う必要があります。1970年代以降，世界的に金利規制の緩和が進むなかで，証券売買委託手数料の自由化が進んでいきました。アメリカで証券売買委託手数料は，75年5月に完全自由化され

ました。71年には，ディスカウント・ブローカーと呼ばれたネット証券の先駆者であるチャールズ・シュワブが創業しています。日本で証券売買委託手数料が完全自由化されたのは，99年10月のことです。個人による証券取引は，ネット証券の台頭によって徐々に広がってきました。日本でもネット証券会社の口座数は，店舗を多く持つ対面を中心とした証券会社の口座数を上回るようになっています。近年では，若い世代も証券取引を始めることが増えています。その背景には，ネット証券を安い手数料で利用できるようになったことがあります。

　証券取引についてもう少しみておきましょう。これまでの日本では，個人が証券取引を行う機会は少なかったかもしれません。その背景には，日本の株式市場の低迷，経済成長率の低下，投資の知識不足の問題などがあると考えられます。実際，日本の株価は，アメリカなどに比べると，あまり上昇してきませんでした。アメリカでは個人が，さまざまな形で証券取引を行っています。ただし，アメリカにおいても昔から個人の証券取引が活発であったわけではありません。アメリカでは，1960年代後半から進行したインフレーション（物価が継続して上昇する状態）によって，個人が銀行預金よりも有利な金融商品に資金を移していくようになりました（➡第5章）。インフレーションが進む時代には，銀行に預金するだけでは価値が目減りしていく可能性があります。

┃ 保険取引 ┃

　保険取引においてもインターネット専業の保険（ネット保険）会社が台頭しています（➡第6章）。保険取引は，これまで対面での販売を中心としてきました。たとえば，自動車保険は，自動車の購入時に販売店で契約することが多くみられました。そのため損害保険会社は，多くの保険代理店を抱えて営業を行ってきました。現在では，ネット保険会社が安い保険料で保険契約を行っています。損害保険の契約は，万が一の事故時の対応が重要ですが，ネット保険会社も事故時の対応を充実させ，契約を伸ばしています。また生命保険においてもインターネットを通じた安い保険料での契約が増えています。生命保険の場合は，生命保険会社が私たちの保険料を長期にわたり運用するため，契約の際の金利水準をはじめとした条件が重要となります。保険取引においても，金

利の見通しなど金融の知識や情報が重要となってくるのです。

金融サービス提供者の多様化

インターネットを通じて金融取引ができるようになると，金融取引の幅が広がります。海外に行かなくても，海外の金融商品・サービスを利用することができるようになりました。外国為替取引では，円とドルなどの通貨を交換する取引を行うことができます（➡第10章）。近年では，為替相場の変動が激しく，個人で外国為替取引をする人も増えています。ネット証券を通じて，外国の株式などを購入することもできます。グローバル化が進む現代において，金融取引もグローバル化しています。

また，インターネットを通じて金融取引ができるようになり，金融サービスを提供する会社が多様化しています（➡第11章）。これまで金融商品ごとに金融機関を選んでいたのが，スマートフォン上のアプリ1つで，さまざまな金融取引が簡単に行えるようになっています。どこで購入しても同じような金融商品は，アプリ上で購入されるかもしれません。このような金融取引の変化は，金融機関の存在意義を問うことにつながります。金融とは，お金を融通することであり，そのお金が自らの金融機関を通さずに流れることになると，その金融機関の存在意義は薄れていきます。金融サービス提供者の多様化は，金融業とは何かを改めて考えさせられる事象といえます。

POINT

■ 個人の支払方法が変化し，キャッシュレス化が進展しています。
■ 個人の送金方法も変化しています。お金を電子的に送金できるようになり，お金の移動は必ずしも現金に限定される必要はなくなっています。
■ 銀行，証券，保険などの取引は，インターネットを通じた取引が増加しています。

3 金融の機能と役割

金融の機能

　金融取引の変化に着目してみてきましたが，金融の変わらない役割もあります。金融の役割は，**金融の機能**という点から考えることができます。金融はどのような機能を果たしているのでしょうか。金融の機能についての分類はさまざまなものがありますが，ここでは以下のように分けて考えてみます（表1.1）。

時間，空間を越えた資源配分

　金融は，時間や国境などの地点，産業を越えて，資源を移転する手段を提供しています。たとえば，学生のみなさんは，アルバイトなどで収入を得たとしても，お金が不足することもあるでしょう。その場合，奨学金を借りて，将来に返すことができれば，時間を有効に使うことができます。この場合，お金という資源を，現在と将来という時間を越えて移転することになります。また株式市場があることから，日本の投資家は，日本企業だけでなく，アメリカ企業の株式を買うことができます。アメリカ企業の株式を買う場合，国境を越えて投資資金が移転しています。

リスク管理

　金融は，リスク管理の手段を提供しています。身近な例でいうと，私たち個人が持っている電子マネー（記名式）は，残高などのデータが発行会社のサーバーにも転送され保存されています。そのため，紛失しても当該カードが無効になり，再発行してもらえます。チャージした金額を失うとか，不正に利用されるといったリスクを引き下げることができます。また企業においても金融取引によりリスク管理を行うことができます。たとえば，海外に進出している企業は為替リスクを抱えています。企業は，将来の為替変動リスクを抑えるような金融取引を行うことで，リスク管理を行っています。

金融の機能	内　容
時間，空間を越えた資源配分	時間，（国境などの）地点，産業を越えて経済資源を移転する
リスク管理	リスク管理の手段を提供する
決　済	財・サービス，資産の取引を円滑に行うための決済手段を提供する
資源の蓄積と所有権の分割	大規模な資金のための資源の蓄積や，所有権を多数の所有者に分割する手段を提供する
情報提供	経済の各部門が意思決定を行いうるよう，情報を提供する
インセンティブ問題への対処	情報の非対称性が存在する場合，またはある者が他人の代理人として行動する際の，インセンティブに関する問題を解決する手段を提供する

（出所）　Bodie and Merton［2000］pp.24–32，邦訳，34～46頁などより筆者作成。

決　済

　金融は，財・サービスなどの取引を円滑に行うための決済手段を提供しています。経済取引においては，財・サービスの交換が行われます。その際，財・サービスを引き渡したり，お金を支払ったりする義務が生じます。これらの義務を債務といい，相手方の権利を債権といいます。決済とは，実際にお金の受け払いをして，債権・債務関係を解消することをいいます。最も単純な決済は，個人が買い物をして，現金で支払う場合に起こります。しかし，財・サービスの受け取りとその対価としてのお金の受け払い（資金の移転）の間に時間差が生じたり，距離的な移動を伴ったり，移転される価値が多額になることがあります。たとえば，企業が銀行から数百億円単位でお金を借りたとします。企業が借りたお金を返す際に，数百億円の現金を持っていくことはありません。通常，企業は銀行に預金を預けており，この銀行預金が，決済の時に使われます。このように銀行は，受け入れた預金を通じて債権・債務関係を解消する役割を果たしています（➡第**3**章）。

資源の蓄積と所有権の分割

　金融は，資源の蓄積や，所有権を多数の所有者に分割する手段を提供してい

ます。たとえば，企業の大規模なプロジェクトに多額の資金が必要だとします。企業は，その資金を金融機関などから調達することが考えられます。金融機関は，資金を蓄積することにより，そのような資金ニーズに対応しています。小口の資金であっても預金などにより金融機関に集中されれば，巨額な資金プールが形成され，貸付可能な資金に転換されます。これは，金融機関による資金プールの形成という機能です。また金融は，出資などを通じて，所有権の分割を受ける機会を提供しています。たとえば大規模な資金を必要とするプロジェクトに共同で出資したとします。多数の投資家の出資により，大規模な投資を生み出し，各投資家はその投資の見返りの一部を得ることができます。

┃ 情報提供 ┃

　金融機関などは，各経済主体が独立して意思決定を行えるよう，情報を提供しています。たとえば，個人は住宅ローンを借りる際に，固定金利にするか変動金利にするかを決めなければなりません。金利の動向を考慮した意思決定を行う必要があるのです。その際，銀行などが提供している金利の情報は，個人が意思決定を行うために活用されています。

　IT（情報技術）が進展する時代において，一部の情報提供は金融機関以外でも可能となっています。これに対し金融機関は，借り手の信用調査（審査）や信用供与後の監視（モニタリング）を通じて，情報生産を行っています（➡第**3**章）。これは金融機関が存在しなければ，個々の貸し手が行うべきことです。たとえば銀行は，多数の預金者に代わって，このような情報生産機能を果たすことにより，円滑な金融取引を可能にしています。

┃ インセンティブ問題への対処 ┃

　金融は，情報の非対称性が存在する場合，またはある者が他人の代理人として行動する際の，インセンティブに関する問題を解決する手段を提供しています。情報の非対称性とは，取引の当事者間で，持っている情報に格差がある状態のことです。たとえば，お金の貸し手と借り手の情報や，中古車市場での品質情報などがあります。ここでインセンティブに関する問題について，自動車保険を例に考えてみましょう。自動車保険に入っているので，多少無謀な運転

をしても構わないと考える人が出てくることが考えられます。このような現象は，モラル・ハザードと呼ばれます。モラル・ハザードとは，リスク回避の手段や仕組みを設けることで，逆にリスク管理に対する意識が薄れ，結果としてリスクの発生確率が高まり，規律が失われる状態のことをいいます。金融取引では，このような問題に対して，無謀な運転をしがちな人の保険料を高く設定するなど価格や契約の仕方によって対処しています。このように金融取引によって，インセンティブに関する問題を解決しています。

金融システムと経済発展

日本の経済成長率

　本章の最後に，金融と経済の関係についてみておきましょう。まず日本の経済動向について確認しておきます。経済動向を示す指標として，GDP（国内総生産）があります。GDPは，一定期間内に国内で生産されたモノやサービスの付加価値の合計額です。短期的な景気の判断材料となる四半期別GDP速報や，年1回発表される国民経済計算確報が発表されています。その際，名目GDPと，物価変動の影響を除いた実質GDPが発表されます。GDPがどれくらい増加・減少したのかを前年比でみたものが，**経済成長率**です。日本のGDPは，高度経済成長期には前年比2桁で増加していましたが，1980年代（80〜89年）には前年比4.4％成長，90年代には前年比1.5％成長，2000年代には前年比0.5％成長，10年代には前年比1.2％成長となりました。日本経済は，低成長の時代が続いています。

日本における金利の動向

　経済が成長するためには，お金の流れを良くすることが重要です。お金の流れを良くするためには，お金を取引する際の価格である金利を低くする方法があります。日本の政策金利は，日本銀行の金融政策において重視されるコール市場（無担保オーバーナイト物）の金利，無担保コールレート（オーバーナイト物）を基準としています。1999 年 2 月以降，日本銀行により無担保コールレートをほぼゼロに誘導することを操作目標とする，いわゆるゼロ金利政策がとられました。その後，2000 年 8 月には物価上昇の兆しもみられたことから無担保コールレートの操作目標はいったん引き上げられましたが，その後の景気後退を受けて，またゼロ金利に引き下げられました。06 年 7 月にも無担保コールレートの操作目標は引き上げられましたが，再びゼロ金利に引き下げられています（➡第 9 章）。日本においては，20 年以上にわたり低金利の状況が続いているのです。金利を低くしても，経済の低成長が続くのはさまざまな要因があります。金融政策については，第 8 章と第 9 章で詳しく説明します。

銀行型の金融システム

　金融の発展は経済成長につながると考えられます。金融の発展形態は，その国の**金融システム**によって違いがあります。ここで，金融システムと経済発展について考えてみましょう。金融システムとは，簡潔にいうと，金融に関する法律や規制さらには慣行の体系をさします。金融システムは，金融取引の円滑な実現を支えるための仕組みや金融機関などの組織，市場，それらに関わるルールや規制などといった制度の総体を捉えたものです。金融制度という場合は，通貨制度，銀行制度，金融商品取引制度など，一国における金融の枠組みを形成する諸制度の総称として用いられます。これに対し，金融システムとは，制度的枠組みそのものよりも，その枠組みによって作られている金融の仕組みをさすことが多くなっています。

　多くの先行研究において，金融システムは銀行型（銀行中心）と市場型（市場中心）に分類されています。とくに日本は銀行型の金融システムの代表国として捉えられることが多いです。2022 年末における日本の金融機関（除く中央銀

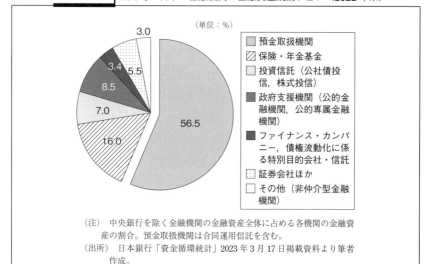

CHART 図1.3 日本の金融機関の金融資産残高シェア（2022 年末）

（単位：％）

- 預金取扱機関
- 保険・年金基金
- 投資信託（公社債投信，株式投信）
- 政府支援機関（公的金融機関，公的専属金融機関）
- ファイナンス・カンパニー，債権流動化に係る特別目的会社・信託
- 証券会社ほか
- その他（非仲介型金融機関）

56.5
16.0
7.0
8.5
3.4
5.5
3.0

（注）　中央銀行を除く金融機関の金融資産全体に占める各機関の金融資産の割合。預金取扱機関は合同運用信託を含む。
（出所）　日本銀行「資金循環統計」2023 年 3 月 17 日掲載資料より筆者作成。

行）の金融資産残高シェアをみると，銀行などの預金取扱機関が 56.5％ となっています（図1.3）。日本の金融機関において預金取扱機関の資産シェアは過半となっており，銀行を通じた資金の流れが大きくなっているのです。

リスクの配分からみた金融システム

　金融システムについて，比較検討してみます。まずは，リスクの配分という視点から考察してみましょう。銀行型の金融システムにおいて，おもな資金提供者は，銀行による元本保証タイプの預金を保有しています。そのため，銀行が抱える資産価格の変動は，資金提供者には影響しにくくなります。したがって，資産効果を通じて景気変動を増幅させることは生じにくい状況にあります。資産効果とは，保有する資産価格の大きさが消費に与える効果のことです。ただし，銀行が抱える資産価格の変動が，銀行のリスク負担能力を超過した場合，金融システムに多大な影響を及ぼすことがあります。そのような状況は，1990 年代以降における日本でみられたことです。

　一方，市場型の金融システムにおいて，おもな資金提供者は，価格変動リスクのある証券などを保有しています。そのため，証券などの資産価格の変動は，

資金供給者に直接影響します。したがって，資産効果を通じて，景気変動を増幅させる可能性があります。なお，資産価格の変動リスクは，当然のことながら，資金提供者である投資家等によって分散されています。

情報の視点からみた金融システム

次に，情報という視点から考察してみましょう。銀行型の金融システムにおいて，おもに資金調達者に関する情報は，銀行が私的に保有し，公開されません。その情報に基づく評価は，銀行によって限定的な回数（少ない場合は1回限り）しか行われません。その際，銀行が関係構築に要した費用はサンク（埋没）コストとなります。銀行は，関係を継続することで，その費用を回収しようとします。そのため，銀行は構築された関係を維持しようという動機が働く（逆にいうと，債務不履行を回避しようとする）ため，取引関係は長期継続的なものとなる傾向にあります。これは，専門的な能力や知識を持った銀行に判断を任せることの経済合理性に基づいています。その際，確立された産業・企業や先進国に前例がある場合などは，評価基準は明確です。その一方で，新分野など評価基準が不明確な場合，採用すべきプロジェクト等を採用しない恐れが生じます。

一方，市場型の金融システムにおいて，おもに資金調達者に関する情報は，基本的に公開されます。そのため，開示される情報の信頼性（たとえば法制度や市場インフラなど）が確保されなければなりません。その情報に基づく評価は，複数の投資家によって複数回（繰り返し）行われます。その際，新分野のイノベーションなど評価基準が不明確な場合，複数の投資家による評価が有益となります。

リスクと金融システム

金融システムの違いは，より銀行型システムに依存しているか，より市場型システムに依存しているかの比重の違いからもたらされます。読み替えると，金融システムの違いは，リスクを銀行がより多く保有しているか，市場を通じて投資家がより多く保有しているかの違いからもたらされることになります。その際，2つの問題が生じます。

Column ❶　金融のワンストップ・ショッピング

　金融商品は，どこで購入しても同じでしょうか。インターネットを通じた金融取引が増えるなかで，IT 企業をはじめ多くの企業が金融商品の販売を行う時代となっています。

　かつて金融業においては，自社が開発した金融商品を自社で販売するというのが当たり前でした。しかし，金融機関は他企業が開発した金融商品を販売することも考えられるようになりました。いわゆる金融業における製造と販売の分離です。また製造と販売の分離により，金融機関は，金融商品の販売に伴う手数料収入を得ることが可能になりました。これは，金融商品の品揃えを充実しワンストップ・ショッピングを展開するような行動変化をもたらすことになりました。金融のワンストップ・ショッピングとは，顧客が多様な金融商品・サービスを 1 カ所で購入できる行為をさします。これは，顧客からみた金融サービス提供の考え方です。金融機関は，ワンストップ・ショッピングを成功させるために，一顧客に対して複数の金融商品・サービスを提供するクロスセルを進めようとする傾向にあります。背景には，とくにリテール金融の商品・サービスにおいてコモディティ（一般大衆商品）化が進み，商品面での差別化が難しくなってきたことがあります。

　アメリカでは 1980 年代初めから，「金融スーパーマーケット」という言葉が流行し，金融機関によるクロスセルの取り組みが進められました。有名な事例を挙げると，アメリカン・エキスプレスが 81 年に，当時アメリカ第 2 位の証券会社であるシェアソン・ローブ・ローズを買収しました。この買収により，アメリカン・エキスプレスは，クレジットカード，銀行，保険，証券を手掛ける一大金融サービス企業になれると考えたのです。しかしながら，その後，期待されたほどの相乗効果が生まれず，事業売却を進めた歴史があります。同じくアメリカ大手百貨店のシアーズ・ローバックは，81 年にディーン・ウイッター・レイノルズを買収し，百貨店内に傘下の証券，保険，不動産会社などを組み合わせた金融センターを設置しました。日本でいうと，イオングループが店舗内で金融商品の提供を行うような形です。

　ワンストップ・ショッピングの試みは，昔から行われてきましたが，それほど成功事例はありません。金融商品・サービスを購入する際には，その専門の金融機関などから購入したいと思う人が多くいます。自社の金融商品のみを販売すると，顧客が離散していく可能性もあります。これまで金融商品ごとに金

融機関を選んでいたのが，いまではスマートフォン上のアプリ1つで，さまざまな金融取引が簡単に行えるようになっています。ただし，顧客にとって重要な商品は，その専門家から購入する傾向は続いています。世界的に巨大な金融機関が誕生しても，ワンストップ・ショッピングの試みは続いているのです。

1つは，銀行が金融資産およびリスクをより多く抱えることをどうみるかという問題です。銀行がリスクを多く抱え込み，不良債権に耐えられなくなった場合，他に資金融通の道が閉ざされてしまいます。このことは，日本における1990年代以降の経験からもいえることです。もう1つは，複雑化するリスクを，市場に任せて大丈夫かという問題です。市場は，不完全なものです。市場が一方向へ極端に振れることがあり，そのような状況は，2008年の金融危機時に経験しています。

POINT

- ■ 日本の経済成長率は低下してきました。同時に，低金利政策が続いています。
- ■ 金融システムは，銀行型（銀行中心）と市場型（市場中心）に分類されます。
- ■ 金融システムの違いは，リスクを銀行がより多く保有しているか，市場を通じて投資家がより多く保有しているかの違いからもたらされます。

NEXT

私たちの生活において，大きな変化がみられるのは，お金の使い方です。外出する際，お金は持っていなくても，スマートフォンを所持していれば，自由に行動できる時代です。現代においては，お金そのものが変わろうとしています。次章では，お金そのものが変わる時代についてみていきましょう。

□ 1 資金循環統計を使って，お金の流れについて説明してみましょう。

□ 2 金融の機能について，具体例を挙げながら説明してみましょう。

□ 3 IT の進展によって金融取引の費用が低下し，銀行や証券会社が行っているような金融サービスは不要になるという議論について論評してみましょう。

読んでみよう   **B o o k g u i d e** ●

川波洋一・上川孝夫編［2016］『現代金融論（新版）』有斐閣

    →現代の金融構造を理解するために，基礎理論，歴史，現状などを解説した金融論のテキストです。

野崎浩成［2022］『教養としての「金融＆ファイナンス」大全』日本実業出版社

    →金融について幅広く，関心のある分野ごとに学ぶことができる実用的なテキストです。

前田真一郎［2023］『アメリカの金融制度と銀行業──商業銀行の業務展開』有斐閣

    →アメリカの金融制度と銀行業について，歴史的・体系的に考察しています。日本と比較して読むと，金融制度の理解が深まります。

変わるお金の姿，変わらない機能

貨幣の役割

お札，コイン，カードにスマホ。どんな姿でもモノが買えるのはなぜ？　お金ってどういうふうに発展してきたの？

KEY WORDS

- □ 貨　幣
- □ 貨幣の産業的流通
- □ 貨幣の機能
- □ 預金通貨
- □ 電子マネー
- □ 信用貨幣
- □ 一般受容性
- □ マネーストック
- □ マネタリーベース

イントロダクション

　コンビニでお弁当を買う，自動販売機で飲み物を買う，ショッピングモールで服を買う，ガソリンスタンドで給油する。日常のさまざまな行動のなかで，私たちはお金を使って生活をしています。一切お金を使わずに生活することはとても難しいことでしょう。山のなかで自給自足の暮らしをしていてさえ，光熱費や調味料など，最低限の支払いは必要です。また，税金も支払わないといけません。

　このようにさまざまなモノやサービス，あるいは納税の義務と交換できるお金。そのお金を使った支払い，これを決済といいますが，近年では少し違った風景をみせています。ほとんど現金を使わずに，それどころかスマートフォンだけでやりとりできています。スマートフォンを触りながら自動販売機に近づき，そのまま自動販売機にスマートフォンを近づけ，スマートフォンの画面をみたまま飲み物を取り出し歩き出す。こうした光景は珍しくなくなりました。ずっとスマートフォンを触っているだけにみえますが，この一連の動きにおいて，売買が成立し，決済がなされ，形を持ったお金が登場しないままに商品の所有権が移転しています。

　技術革新が進み，新しい支払いの形が登場している現代ですが，姿形が変わっても，物事の本質はそれほど急に変わることはないはずです。お金についても同じです。そしてお金の機能をきちんと把握していれば，技術が私たちの経済活動の何を変え，何を変えていないのかわかるはずです。

　そこで本章では，経済活動の基本となるお金について，その本質的な機能を整理したうえで，ICT（情報通信技術）と結びついた新しい現象について学びましょう。

1 社会の基盤としての貨幣

経済社会と切り離せない貨幣

　現代に生きる人のなかで，お金と関わらずに過ごすことができる人はどれほどいるでしょうか。1日2日であれば可能かもしれません。しかし，1人で何もかもを作り出す無人島に住んでいるのでもなければ，日常生活のなかにお金は必ず登場します。

　それでは，お金，すなわち**貨幣**は私たちの社会のなかでどのような役割を果たしているのでしょうか。貨幣が存在しない場合，どのような社会になるか考えてみましょう。私たちは貨幣を対価に商品を購入します。貨幣が存在しない場合，物々交換をする必要が出てきます。しかし，物々交換は簡単には成立しません。なぜなら，自分の欲しいものを相手が提供できる必要がありますし，同時に相手の欲しいものを自分が提供できる必要があります。これは「欲望の二重の一致」といわれるものです。さらに，互いに交換しあえるものを持っていたとしても，それらの価値が一致しなければなりません。自分がシャツを欲し，相手が車を欲していた場合，それぞれを提供できるとしても価値を合わせようとすれば一体何枚のシャツが必要になるでしょうか。貨幣はこうした多様な価値を統一的に表現できるようにすることで，交換を成立させます。私たちは労働の対価として貨幣を得ていますが，これもまた労働を貨幣に交換して，そのうえで欲しいものに再度交換しているわけです。こうして貨幣は社会のあらゆる経済活動を実現できるように下支えしているものだといえます。

　こうした経済活動を取り巻く貨幣の流れは図2.1のように図示することができます。私たちは家計部門として労働力を提供し所得を得ます。得た所得で必要な商品を購入します。また税金を納め，医療，教育，警察，消防などの公共サービスを受けます。企業も人を雇用し，商品を作り　販売して代価を受け取ります。企業活動の利益から税金を支払いますが，企業もまた，インフラや優良な労働力のための教育など，公共サービスを享受しています。これらの社会

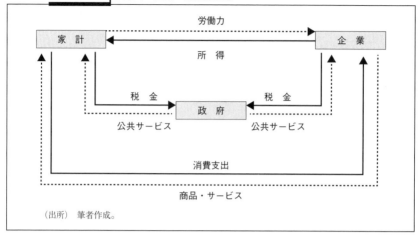

CHART 図2.1 貨幣の産業的流通

労働力

家　計 ← 企　業

所　得

税　金　　　　政　府　　　　税　金

公共サービス　　　　　　　公共サービス

消費支出

商品・サービス

（出所）　筆者作成。

的活動では，あらゆる場面で商品に対する支払いが行われており，そうした経済活動のなかで貨幣が利用されます。これは**貨幣の産業的流通**と呼ばれます。

貨幣による時間，空間を越える取引

　貨幣が存在することによって交換を通じた経済活動が円滑に行われることがわかりましたが，それ以外にも貨幣がもたらすものがあります。それは時間と空間を越えた経済活動を可能とすることです。取引の時間的制約と空間的制約を取り払う，と言い換えることもできるでしょう。これがどういうことかというと，たとえば漁をして魚を釣ってきたとします。その魚は，貨幣がない社会なら腐ってしまう前に自分の欲しいものと交換するか，自分で食べてしまう必要があります。農作物にしても，腐るまでの期間に違いはあるにせよ，収穫からあまり間を置かずに交換を実現する必要があるでしょう。機械などを作るとしても，錆びてしまったり型落ちになってしまう前に，欲しいものと換える必要があります。ところが貨幣があれば，自分の持っている商品を販売することによっていったん貨幣に換えておくことで，後は自分の好きなタイミングで欲しいものを購入することができます。また，場所についても同じです。本来，魚は漁をした場所から遠く離れた場所での交換は難しいでしょう。しかし，貨幣があればどこに住んでいる相手からでも商品を買うことが容易に行えます。

自分の労働力を提供する場合でも，貨幣がなければ交換相手の場所まで行って必要な時間分働く必要がありますが，貨幣があれば，どこかで働いてお金を稼ぎ，どこでも好きな場所で商品を購入することができます。

こうして貨幣の存在は，取引を円滑化し，経済活動の効率化を実現しているのです。そのため貨幣は経済発展の重要な要素として考えられています。そして**貨幣の機能**をより高めるために貨幣の効率的な利用が考えられ，さまざまな金融機関や金融市場が発達してきました。こうした貨幣の機能を高める取引を貨幣の金融的流通といい，そうした金融市場での活動は図2.1で示した産業的流通の外に描かれることになります（ここではあえて図に描いていません）。政府が金融システムを重要視するのは，こうした貨幣の機能が背景にあるからです。

POINT

■ 貨幣は世の中の取引を円滑化し，経済活動の効率化を実現しています。
■ 貨幣は取引の時間的制約と空間的制約を乗り越えることを可能にしています。

 貨幣の機能

貨幣の３つの機能

このように私たちの生活に欠かすことのできない貨幣はさまざまな機能を果たし，経済社会の発展を支えています。次に，その機能について整理しましょう。

一般に，貨幣には３つの機能があるといわれています。まずは価値尺度機能と呼ばれる機能です。尺度という言葉からわかるとおり，大きさを示す基準となります。私たちはさまざまな商品を売買する際，その商品の価値を１万円や75ドルといった流通している通貨で表します。貨幣がなく，円やドルといった単位が使えない場合，物々交換で商品の取引をすることになりますが，相手の商品と自分の商品の価値を正確に測るのは難しいことです。貨幣が存在することで，この商品は1000円，あの商品は2000円，などとさまざまな商品の価値を単一の基準で考えることができるのです。こうして基準が明確となり，ど

の程度の価値を持つものか明確になることで，売買が円滑に実施できるのです。

　また貨幣は支払手段機能（あるいは交換手段機能）と呼ばれる機能も持っています。私たちは財を貨幣に交換し，そうして得た貨幣をまた他の財に交換する，こうして間接的に商品の交換を実現しています。

　たとえばコンビニでおにぎりを買うとしましょう。私たちはおにぎりをレジに持って行くことで，購入の意思表示を行います。この時，双方ともにその交換に同意できる場合，売買契約が成立し，買い手は商品と引き換えに売り手に代金を支払う義務，すなわち債権債務関係が発生します。コンビニであればすぐに支払いを行って債権債務関係を解消しますので，私たちは意識することがありませんが，コンビニで商品を買うわずかな時間の間で，契約の締結と履行がなされているのです。これがネット通販などで，商品が届いてから支払いを行う場合などでは，売買契約締結と商品の引き渡し，お金の支払いの時間が異なりますので，債権債務関係の発生とその解消がイメージしやすいと思います。このように，貨幣は債権債務関係の最終的な解消を可能とします。こうした最終的な決済を可能とすることをファイナリティを持つ，ともいいます。売買は商品とお金を交換する＝支払いを済ませることで所有権を移す行為です。所有権が他人から自分に移ることによって，私たちはそのモノを自由に消費することができるのです。こうして所有権の移転を完了させることができる貨幣は私たちの経済活動の一番基礎の部分を支えているのです。

　そして貨幣は価値保存機能という機能も持っています。すでに述べたように，私たちは働いて得たお金をすぐに使ってしまう，ということはありません。商品を売る企業も，販売で得たお金を次の仕入れに回すことになりますが，客への販売でお金を得た瞬間に新しい材料を買う，ということはなく，通常は販売による代金の入手と購入による新たな支払いとの間には時間が空きます。貨幣はその間，販売で得た価値を次の支払いのために保有しておくことが可能です。こうして商品の提供と新たな材料などの入手との間に時間的な隔たりを作ることを可能にしているのが，価値保存機能となります。

▌現金と銀行預金：姿の異なる貨幣▐

　上述したような機能を果たしている貨幣ですが，現代では紙幣，硬貨などの

現金と銀行システム内に存在する**預金通貨**の2種類が，一般に貨幣として通用しています。現金は実体を持ち，取引を直接的に媒介します。デジタル化が進み，新たな支払手段の利用が目立ってきましたが，冒頭で述べたようなコンビニでのお弁当の購入や自動販売機での飲み物の購入などでは，まだまだ現金の利用が一般的です。こうした実体を持った貨幣は私たちの歴史のなかで長く親しまれてきました。そのため実体を持つ貨幣は腐る・錆びるなどの変質が起こりにくいものが求められることになりますし，小分けにできるなどの流通に適した性質を持っている必要もあるでしょう。また交換に用いられるには，世の中に広くその価値を認められる必要があります。そのため歴史のなかでは金や銀などの，希少で変質にも強く，加工も可能な金属などが長く貨幣として使われてきました。現代では取引規模の拡大や扱いやすさなどから紙幣が現金として使われることが多くなっています。

　その一方，実体を持つものばかりが貨幣であるわけではありません。現代では紙幣や硬貨と並んで，銀行預金もまた通貨として通用しています。銀行預金とは，私たちが銀行に持っている預金口座にある残高をさします。それらはアルバイトの給与受け取りによって増加したり，ATM で引き出したり携帯電話料金の自動引き落としなどに使うことで減ったりします。銀行預金による支払いは，自分の口座から相手の口座へとお金を動かすこと（振替）で支払いが実現します。ATM を通じて現金の姿にする必要はありません。さきほど銀行システム内に存在する貨幣，という表現をしたのはそのためです。銀行口座のなかにあり，触れることはできませんが貨幣として機能しています。現金と預金は，それぞれ違う形であれ，同じ機能を果たしています。

　ただし，貨幣は昔からいまの形だったわけではありません。歴史を振り返ると，貨幣は常により効率性の向上を求めて，その姿を変えています。最近では現金，預金ではないものの，同じような機能を果たすものが登場しています。次節では，貨幣の発展について振り返り，貨幣とは何かということを考えつつ，現代の貨幣の姿や新しい貨幣の可能性について考える土台を学びましょう。

3　貨幣の発展と現代の貨幣

貨幣の歴史

　現代では，スマートフォンの普及によって支払いの様子が変わっています。しかし，そもそも貨幣の姿は歴史とともに発展してきました。かつては子安貝などの貝をお金として使う時代もありました。やがて金属貨幣が登場します。最古の金属貨幣は紀元前７世紀頃のリディアのエレクトロン貨といわれています。日本では，8世紀に唐銭をもとにした和同開珎が発行され，その後，中国から輸入された金属貨（たとえば北宋の時代に作られた北宋銭や明代の明銭などの銅貨）が使用されました。経済規模が拡大し，輸送手段も発達してくると，次第に金貨や銀貨が取引で使われることが多くなっていきました。やがて，金属貨幣を使った取引から藩札などの紙幣が使われるようになっていきました。明治期に入り銀行が登場し，その存在が一般化するにつれ，預金（預金通貨）を使った取引もまた普及するようになりました。そして現在では支払いに際して，現金以外に電子マネーやQRコードなども使われるようになりました。

　ただし，これらの決済手段は必ずしも順を追って段階的に発展したというわけではありません。銅銭が主流の決済手段であった時代に，貝での取引が主流である地域が同時に存在していた，ということもあります。紙幣が登場した時もそうでした。イギリスでイングランド銀行券が徐々に使われるようになった時，その他の国では金属貨幣への信認が高いという状況がありました。それこそ，イギリス国内でさえ，紙幣が流通しはじめた初期には，人々が必ずしも紙幣を信用したというわけではありません。また最近では，商品とは切り離され

て負債が貨幣として認識されていたという議論も注目されつつあります。同じことは預金にも当てはまります。そうしたさまざまな貨幣の形態が同時期に並列的に存在し，そのなかで人々がコスト面も含めて，最も広く受け入れるようになったものが貨幣として残っていきます。こうして貨幣は現在の姿をとるようになります。

┃ 信用貨幣

貨幣の歴史のなかでの大きな変化は紙幣や銀行預金といった，いわゆる**信用貨幣**の登場です。紙幣が登場した当初は，それまで流通していた金属貨幣と引き換えることができる兌換紙幣として登場しました。それまで流通していたものと交換できるとはいえ，当然ですが金属そのものではありません。引き換えることができる，あるいはその価値を保証する誰かがいる，という保証のもとで，お金として信用され，通用するようになっていきました。そしてお金として信用され，利用実績を積み重ねることで，実質的に貨幣となっていったもの，そういったものを信用貨幣と呼びます。銀行預金もそうです。銀行にお金を預けている，といってもみえるのは通帳や画面上の数字のみ。その数字の増減でお金が支払われた，受け取ったと人々が思うからお金として通用しています。信用貨幣とは，そういった人々の信用に基づいて流通する貨幣のことをさします。

とはいえ信用貨幣とそうでない貨幣との区別も，実は曖昧な部分があります。そもそも貨幣とは決済手段であり，何らかの財と引き換えにできる抽象的なモノです。したがって，ある意味では金属貨幣も他者との交換を保証しうる抽象的な貨幣，信用貨幣といってもいいでしょう。実際，金貨が流通していた昔のイギリスでは，ポンド金貨は実際の重さや含まれる金の量が変わっていたとしても（使用されるうちに削れて目減りしたり，他の金属を多く混ぜて作られたりすることもありました），1ポンドの貨幣として認識され，流通していました。このような場合，金貨が1ポンドの金を含有しているから1ポンドとして使えるわけではなく，その貨幣の受け取り手が（1ポンド未満の金含有量であっても）その貨幣を1ポンドの貨幣として認識しているかが重要な要因となります。そういう意味では，貨幣として重要なことはその貨幣を利用する人々にその価値を信用

されていることだといえるでしょう。

　紙幣などの登場は金融の利便性を高めました。江戸時代の日本では，距離や輸送の問題から，金貨や銀貨を遠距離の取引で利用することはコストがかかることであったため，金貨や銀貨をもととする手形や為替などの決済手段が利用されるようになっていきました。こうした決済手段が利用されていったことは，やがて登場する紙幣や銀行預金といった貨幣が人々の間で流通する社会的認識の基盤を形成していった，ともいえるでしょう。

┃ 一般受容性

　どのような形態であれ，貨幣が決済手段として機能するためには，どのような財とも交換で受け取ってもらえる**一般受容性**を持つ必要があります。そして社会に広く受け入れられるには，貨幣としての信用が必要となります。その信用を裏付けるものは単純ではありません。1つには貨幣の発行者の経済力，つまりその貨幣はいざという時にその価値を維持できるかということが影響します。たとえば世界最大規模の GDP（国内総生産）を誇るアメリカで発行されるドルと，経済規模の小さな小国で発行される通貨とどちらで支払って欲しいかを聞いた場合，多くの人がドルを望むでしょう。それは，もしもドルを自国通貨と交換できなくなった場合でも，ドルを使って買い物ができる，ドルを欲しがる人が多くいる，そうした経済力があるからです。また，支払手段としてどれだけの人が利用するかということも重要でしょう。利用者が多くなる，つまりその貨幣を受け取ってくれる人が多くなればなるほど，その貨幣は使い勝手がよくなります。こうした利用者の多さによる利便性を**ネットワーク効果**といいます。そしてその貨幣の，貨幣としての歴史そのものも重要です。これまで長い間使われてきた貨幣は，その間に生じたさまざまな問題にも対処でき，貨幣としての機能を発揮し続けてきた，という信頼を勝ち得ます。そうした信頼の積み重ねが，人々を安心させ，信用へとつながります。こうしたことを，**慣性の法則**が働くといういい方をしたり，**経路依存性**があるといういい方をしたりします。

　このように，貨幣がさまざまな機能によって下支えされるということを考えれば，貨幣が通用するためには現実の価値ある実体を持つことが必要条件では

ないこともわかります。実際に，その貨幣によって他の価値あるものと交換することができればよいのです。そう考えれば貨幣の形は時代によって変わっていくことも納得できます。そこで次の項では，現代の貨幣についてより深く知るため，通貨量や決済手段の利用状況などを数字で把握したうえで，現在進行形で実際にお金に生じている変化を確認し，デジタル化によって貨幣が変わってしまった点，変わらずにある点，そして忘れてはならない重要な本質などをみてみましょう。

▌現在の日本の貨幣 ▌

さきほど，貨幣には大きく分けて現金通貨と預金通貨があるということを説明しました。しかし法的な視点からみれば銀行預金は貨幣とは定義されていません。日本では，「通貨の単位及び貨幣の発行等に関する法律」という法律によって，硬貨（500 円，100 円，50 円，10 円，5 円，1 円）と日本銀行が発行している紙幣（1 万円札，5 千円札，2 千円札，千円札）のみが法で定められた通貨（法定通貨）とされています。

もっとも，法律上でこそ貨幣とされていませんが，銀行預金はその果たす機能から貨幣とみなすことができます。一般に，私たちの多くが利用する普通預金やおもに事業者が利用する決済用預金（当座預金など）といった要求払預金は，即時の支払いや引き出しなどに用いられます。そうした要求払預金とは別に，預金にはいつでも引き出せるわけではないものも存在します。たとえば定期預金は満期が存在するので，基本的にはすぐに引き出すことはできません。すぐに利用できない分，利子が高く設定されています。ひとまず，すぐに利用できるという意味で現金と同様の性質を持つ要求払預金と，現金とを合わせて今の日本にどのくらいのお金が存在するのか，みてみましょう。

図 2.2 は日本銀行が作成している現金通貨（銀行券発行高＋貨幣流通高），預金通貨（要求払預金－調査対象金融機関の保有小切手・手形）のデータを 2003 年 4 月から 23 年 3 月にかけてまとめたものです。03 年 4 月の時点では，現金と要求払預金で約 431 兆円でしたが，23 年 3 月の時点では 1000 兆円を超えています（約 1051 兆円）。この 20 年で日本国内のお金が倍以上に増えていることがわかります。非常に多くのお金が国内に存在するようになったことがわかりますが，

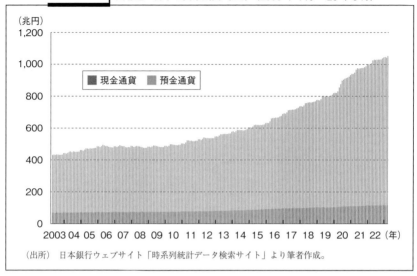

CHART 図2.2 日本の貨幣残高（M1）（2003年4月〜23年3月）

（出所） 日本銀行ウェブサイト「時系列統計データ検索サイト」より筆者作成。

日本の GDP との比較で考えるとそのことがより明確になります。03年の日本の GDP は約 524 兆でした。この時は GDP の方が世の中に流通している貨幣の残高よりも大きかったのです。そして 21 年の GDP は約 542 兆円，同年 12月の日本の貨幣の量は約 995 兆円であったため GDP の 1.8 倍以上にまで増えました。経済規模に対する適切なお金の量というのは明確にはわかりませんが，近年の日本では，信用に基づいて使われているお金が経済規模に比べて多くなっているということは知っておいてもいいでしょう。

貨幣の範囲

GDP に対するお金の量について言及しましたが，一般に，お金の量は経済活動に影響を及ぼすと考えられています。そのため，経済政策として後の第**8**章で取り扱う金融政策が重要視されています。そして，経済に働きかける具体策である金融政策が重視されるということは，お金についての統計情報もまた重視されることになります。さきほど，預金には要求払預金だけでなく定期預金などの種類もあることを示しました。定期預金は一定期間，その預金の利用を制限することで高い金利を得るという預金ですが，違約金を支払って解約す

ることで，すぐに現金化することが可能であり，広い意味ではお金として考える方が現実的な商品です。そのため，政策主体からはお金に準じるもの（準通貨）とみなされています。このように，お金の範囲は数段階に分けて考えられています。こうした考え方から，日本銀行によってお金の範囲は次のように整理されています。

- ・M1：現金通貨＋預金通貨（要求払預金－調査対象金融機関の保有小切手・手形）。最も狭い意味での貨幣。
- ・M2：現金通貨＋国内銀行等が発行する預金通貨＋準通貨（定期預金＋据置貯金＋定期積金＋外貨預金）＋ CD（譲渡性預金）
- ・M3：M2＋全預金取扱機関が発行した預金
- ・広義流動性：M3＋金銭の信託＋投資信託＋金融債＋銀行発行普通社債＋金融機関発行 CP＋国債＋外債

マネーストックとマネタリーベース

上でみた M1，M2，M3，広義流動性は，記載順にその対象範囲が徐々に拡大されています。この指標は「金融部門から経済全体に供給されている通貨の総量」（日本銀行）を示す統計データであり，マネーストックと呼ばれています。こうしたマネーストックの変動が経済の動きと連動しているとみられており，どの指標がどういった経済指標と関連するのか，ということも日々研究されています。

また，貨幣量に関する統計としてはマネタリーベースというものもあります（これはベースマネー，ハイパワードマネーともいわれます）。このマネタリーベースとは日本銀行が供給する通貨のことをさします。具体的には「日本銀行券発行高」＋「貨幣流通高」＋「日銀当座預金」の合計額となっています。このマネタリーベース，つまり日本銀行が供給する通貨の量をもとに，世の中に出回っている資金であるマネーストックが決定される，と考えられてきました。

マネーストックとマネタリーベースの関係は，次章で説明する銀行の信用創造をベースに考えられてきました。もっとも，近年の政策では日本銀行が預金を大量に供給する＝マネタリーベースを大幅に増加させた場合でも，必ずしも

マネーストックが急激に増加するということが起きなくなっているともいわれています。このことは第**9**章でも詳しく取り扱います。こうしたことから信用創造を考える際に，中央銀行当座預金の増減と銀行の貸出行動は別の論理があるという指摘もみられます。いずれにせよ，こうした貨幣の統計は実体経済に大きく関わります。政策決定者はそうした研究成果をもとに政策立案を行っているのです。

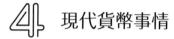

POINT

- ■ 現代のお金は信用貨幣と呼ばれており，一般受容性を持っています。
- ■ 政策的見地から，お金は複数カテゴリーでの範囲分けがされています。
- ■ 2000 年代を通じて，貨幣残高は増えてきましたが，マネタリーベースの増え方とマネーストックの増え方は，リンクしなくなりました。

4 現代貨幣事情

▶ 社会のあり方とお金の姿

貨幣の形態の変化

　実は図2.2からは，日本にあるお金が大幅に増えている，ということ以外にも指摘できることがあります。それは現金通貨よりも預金通貨の方が大幅に多い，ということです。それは実際の使用における利便性の違いに基づくものでしょう。価値保存機能を発揮するにせよ，支払手段機能を発揮するにせよ，少額であれば現金の方が便利かもしれませんが，利用量が多くなるほど現金よりも預金の方が便利になります。貨幣の歴史を振り返ってもわかりますが，人は利便性と信頼性とを総合的に考えて，用いる貨幣の形態を変えてきました。

　こうした貨幣の歴史を念頭に置いたうえでいまの世の中をみると，貨幣に関する変化の可能性を感じることができます。2010 年代中頃から，日本ではキャッシュレス化が推進され，実際にキャッシュレス化は徐々に広まっているといえます。とくに新しい変化といえば，スマートフォン等を使ったモバイル決済の登場でしょう。また，交通系を中心とする電子マネーやクレジットカード，デビットカードなどがあります。実際には，キャッシュレス決済手段とし

てはクレジットカードが最も多く用いられています。こうしたキャッシュレス決済手段の利用の増加はニュースや新聞記事等でみかけるようになりましたが，貨幣という視点ではどう考えればいいのでしょうか。

┃ キャッシュレス決済手段と貨幣の機能 ┃

　金融が果たす機能は，細分化され，別々の企業によって提供されることが珍しくありません。たとえば消費者金融を扱う企業は，預金を受け入れることができず，貸付だけを行っています。また信用情報のみを取り扱う企業もありますし，金融取引に伴うリスクのみを切り分ける金融商品も開発されています。

　こうしたことを考えれば，貨幣の果たす機能もまた，切り分けられうることがわかります。上記で示したように，現代の消費者は交通系の電子マネーやスマートフォンで用いられる電子マネー，そしてクレジットカードなどのキャッシュレス決済手段に慣れ親しみ，日常生活で使っています。ただし，それらはあくまでも商品を買う際に，決済を行うことができるにすぎません。

　たとえばコンビニでジュースを買う場合，クレジットカードや電子マネーといったキャッシュレス決済手段で支払いを行えば，消費者も店も支払いはそれで終わり，と考えます。本来ならばその支払いで移った残高がきちんと現金化され，銀行口座に入金がなされるまでは信用しない，という人がいてもいいはずなのですが疑問に持つ人はほとんどいません。このため，新しく登場した支払手段は貨幣のもつ支払手段機能を代替し，その受け渡しで支払いが済んだと認識されます。この現状から，現代ではキャッシュレス決済手段は貨幣の機能の一部を発揮しているということができるでしょう。しかし，価値保存機能は十分にあるとはいえません。そもそも支払いを一時立て替え，資金の利用限度枠を提供しているクレジットカードはもとより，スマートフォンに表示されるデータ上，あるいは手持ちのカード内に残高が示されるタイプのキャッシュレス決済手段の一部のものでも，その残高で完全に価値保存がなされているかといえば難しいところです。こうした残高のある支払方法を提供している企業（前払式支払手段発行業者や資金移動業者）はその残高に対応して供託金を積む義務があり，そうした形で保護されているためその価値が保存されているといえなくもないですが，その場合，最終的に価値を保存しているのは預けられてい

る資産です。その資産の裏付けがなければ価値は急減することになります。しばしば見受けられるステーブルコインという，資産の裏付けのある暗号資産（仮想通貨）においても，裏付けとなる資産が現金でなく価格変動するものであった場合，大幅に価値を失っていくという事態がしばしば生じています。

　ただし，その支払手段が人々に広く普及し，多くの人が背後にある現金というものの存在がなかったとしても，それ自体を価値のあるものとして受け取り，また継続して支払いと受け取りに用いるようになった場合には，銀行預金のように価値保存機能を持ちうるかもしれません。ただ現状では，制度的にも現実的にもまだそこまでの機能を持っているとはいいがたい状況です。

┃ キャッシュレス決済手段と決済システム ┃

　日常の支払いでの利用が増加しているキャッシュレス決済手段は，貨幣ではなく，決済手段機能という貨幣の一部機能を備えているということがわかりました。モバイル決済や電子マネーなど，残高が存在するものについては，その残高の受け渡しで支払いを終えます。誰かのアカウントのなかにある残高が，別の誰かのアカウントのなかに移る。仕組みとしては同一銀行に口座を持っている人たちの間で支払いが完了するのと同じです。そう考えれば，キャッシュレス決済手段，とくに残高があるタイプのものは，ほぼ貨幣と同じといえるのではないでしょうか。

　しかし，残念ながらアカウントの残高は，最終的には銀行預金に頼らざるをえません。最初に入金する際には既存の金融システムを使用する必要がありますし，小売店などの事業者は得られた電子マネーで給料を払うことも一般的ではありませんので，最後は銀行預金へと移されることになります。むしろ，背後に銀行システムとのつながりがあるということで，キャッシュレス決済手段は貨幣と同じような機能を発揮し，場合によっては貨幣と同じように認識され，社会における決済を効率的にし，新しいサービスを生み出す土台となりうるのです。さまざまなサービスの発明や効率性を高めるイノベーションが生み出され，モバイル決済を中心にキャッシュレス決済手段が注目されるようになっていますが，結局のところ，現在の貨幣の根幹は銀行預金であり，預金と現金を安定した通貨として利用できるように支えている通貨システムこそが，現代の

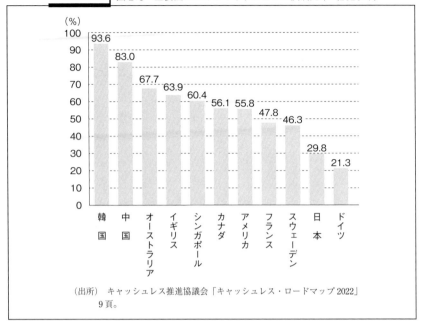

CHART 図2.3　主要国におけるキャッシュレス決済比率（2020年）

(%)

93.6　83.0　67.7　63.9　60.4　56.1　55.8　47.8　46.3　29.8　21.3

韓国　中国　オーストラリア　イギリス　シンガポール　カナダ　アメリカ　フランス　スウェーデン　日本　ドイツ

（出所）　キャッシュレス推進協議会「キャッシュレス・ロードマップ2022」
　　　　9頁。

貨幣なのです。

▌キャッシュレス決済手段の現状 ▌

　貨幣の代わりとして使われているキャッシュレス決済手段については，日本政府もその普及を推進していることもあり，その利用は急速に増加しています。日本は先進諸外国に比べキャッシュレス決済比率が低いといわれています。図2.3は2020年の世界の主要国におけるキャッシュレス決済比率を示したものですが，先進国の多くのキャッシュレス決済比率が4割以上であり，キャッシュレス決済比率が6割以上である国も珍しくありません。そのようななか，20年時点では日本は3割を下回っている，という状況でした。もちろん，日本でもキャッシュレス決済は普及しつつあります。図2.4は日本のキャッシュレス決済比率の変化を示していますが，15年には2割を切っていたのに対し，22年には36％にまで上昇してきています。

CHART 図2.4 日本のキャッシュレス決済比率の推移 (2010～22年)

(注) 1 キャッシュレス決済比率 = (クレジットカード支払額 + デビットカード支払額 + 電子マネー支払額 + QRコード決済支払額) ÷ 民間最終消費支出。
　　 2 クレジットカード支払額:日本クレジット協会調査,デビットカード支払額:日本デビットカード推進協議会 (～2015年),日本銀行「決済システムレポート」「決済動向」(2016年以降),電子マネー支払額:日本銀行「決済動向」,QRコード支払額:キャッシュレス推進協議会「コード決済利用動向調査」,民間最終消費支出:内閣府「国民経済計算」(名目)。
(出所) 経済産業省ウェブサイト (https://www.meti.go.jp/press/2023/04/202304060 02/20230406002.html)。

変わるお金の姿, 変わらない機能

　支払局面におけるキャッシュレス決済手段の利用比率が増えてきているように, 最近の貨幣を取り巻く状況は大きな変革期を迎えています。また既存の貨幣においても, たとえば銀行預金では預金通帳の発行されない口座が登場するようになってきました。預金通帳は, 貨幣の形を持たない銀行預金が, 目にみえる形で残高を示すための1つのシンボル的なものですが, そうしたものがなくても貨幣の存在を信用するような社会になってきていることを示しています。
　しかし, 既存の貨幣が消えてしまったわけでも, その役割を減じたわけでも

Column ❷　海外でデジタルと融合するお金

　日本でもモバイル決済が徐々に増えてきていますが，世界では日本以上に支払いのデジタル化が進んでいる国が多くみられます。決済がデジタル上で行われるということは同じなのに，なぜ利用状況に違いがあるのでしょうか。いくつかの国を取り上げ，その要因について考えてみましょう。

　まず，アリババ，テンセントなど世界でも有力な企業を抱える中国。現在，中国では経済のデジタル化が進み，場所によっては小売店での支払いなどはスマートフォンを超えて顔認証での支払いが可能になっています。有名になったECサイト，アリババの支払手段であるアリペイ（Alipay/ 支付宝）は，現在のようなデータに基づいたイノベーションがその登場理由ではありません。アリババが登場時の中国は売り手と買い手の間に十分な信用がありませんでした。とくにクレジットカードの保有者数がまだ少なかったこともあり，インターネットによる通販の場合，売買が問題なく執り行われるか，不安が残っていました。店側は商品を発送しても支払いをしてくれるかどうか不確実なため先に支払いを求めます。逆に客側は支払いをしたとしても商品が送られてこない，という可能性もあるため先払いを嫌がります。その結果，取引が増えませんでした。その状況を解消するため，EC（電子商取引）サイトを運営するアリババが間に入り，支払いのためのお金を購入者からいったん預かり，商品がきちんと届いた後，預かったお金を販売店に支払うという方法で人々の不信を乗り越えました。そうして支払手段としての信用を積み重ね，利用者の増加を背景に，電子マネーとしての地位を築いていったのです。そして，中国では実社会においてもかなりの偽札が出回っていたこともあり，そうした不安のある紙幣よりも偽造のできない電子マネーがネットを超えて現実の経済でも利用されるようになっていきました。

　また，インドでも金融のデジタル化が進んでおり，現在では政府がUPIという決済ネットワークを整備し，積極的に支払いの電子化を進めています。インドでは2016年にナレンドラ・モディ首相が高額紙幣500ルピーと1000ルピーの廃止を突然宣言するという出来事がありました。日本でいえば1万円札，5000円札を急に使えなくするようなものです。当然，現金が不足し経済的な混乱が生じました。しかし，それでも高額紙幣の利用を停止した背景には，深刻な汚職・腐敗があり，不正蓄財の横行がありました。そうした不正を一掃にするため，ため込んだ不正なお金を使えなくするという劇薬のような手段を

使ったのですが，その結果，インドの人々は現金が登場しない支払手段を利用するようになりました。そうした変化が生じたのは，インドが世界でも進んだIT大国で，急速に社会のデジタル化を進めていたことも要因の1つです。

　このように，中国にせよインドにせよ，それぞれの社会の状況に応じたキャッシュレス化が進展していることがわかります。ここからも貨幣のあり方や変質は，それぞれの国や社会を取り巻く環境によって影響を受けるため，世界が一律的な動きをするわけではありません。

ありません。また，その機能は変わりません。過去に新しい貨幣が登場した際にも，急激に入れ替わるということはありませんでした。現在でも，現金，銀行預金，電子マネー等は，それぞれの状況に応じて並行して利用されています。金属製のお金でさえ，いまでも利用されています。貨幣の姿そのものは人々の認識で変わるため，時代によって貨幣のあり方は変わります。その意味では，将来的には手で触れるお金は消えてしまうかもしれません。しかし，それらが果たしている機能は今後も変わらないことでしょう。貨幣は経済活動の根幹に位置する，重要な金融のツールだということを覚えておきましょう。

POINT

■ お金は社会や経済のあり方に合わせてその姿を変えてきました。
■ 現在では，モバイル決済に代表されるようにデジタル技術と融合しています。
■ モバイル決済も含めたキャッシュレス決済は，徐々にその規模を拡大させています。

NEXT

　本章ではお金について，その機能とさまざまな形態について学びました。次章では現代の貨幣のなかでも重要であり，また新しく登場した支払手段を支えている銀行預金，それを取り扱っている銀行に焦点を当てて学びましょう。

□ 1 貨幣の3つの機能について説明してみましょう。

□ 2 信用貨幣とはどういうものか，説明してみましょう。

読んでみよう | Bookguide ●

黒田明伸［2020］『貨幣システムの世界史』岩波書店
　→歴史的な出来事を押さえたうえで貨幣というものの本質へアプローチする
　　書籍です。貨幣と国家や経済圏の関係性についても，新しい視点を提供し
　　てくれます。2003年が初版ですが，改訂や文庫本化され，広く読まれて
　　います。

楊枝嗣朗［2022］『貨幣と国家──資本主義的信用貨幣制度の生成と展開』
文眞堂
　→信用貨幣と国家との関係など，お金について理解するうえで重要な要素を
　　広く視野に入れた書籍です。信用貨幣についての深い理解が得られます。

デイヴィッド・リス（松下祥子訳）［2001］『紙の迷宮』上・下，早川書房
　→1700年代のイギリス・ロンドンを舞台にしたミステリー。ストーリーの
　　展開のなかに，主要な貨幣が硬貨であった時代に市中でみかけるように
　　なった紙幣についての，当時のイギリス人の受け止め方などを感じること
　　ができます。

第 3 章

お金を創って貸し出す

銀行の機能と間接金融

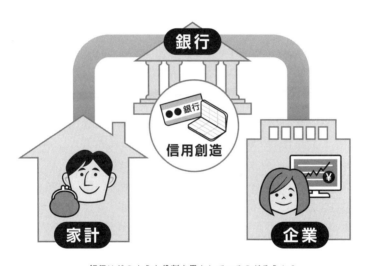

銀行はどのような役割を果たしているのだろうか？

- ☐ 預　金
- ☐ 貸　出
- ☐ 間接金融
- ☐ 直接金融
- ☐ 決　済
- ☐ 信用創造
- ☐ 金融仲介
- ☐ 預金保険
- ☐ 情報生産

イントロダクション

　本章で詳しく学びますが，銀行は金融機関のなかで特別な存在です。預金を受け入れることができるからです。経済取引には決済が必要ですが，その最終的な決済は銀行の預金を通じて行われています。

　近年，銀行を取り巻く環境は大きく変化しています。長い年月の間，日本の金利が非常に低くなっていることはよく知られていますが，それだけではありません。2021年11月から，金融サービス仲介業が開始されました（『日本経済新聞』では21年10月から11月に「始動する新仲介」として特集記事が掲載されています）。これまで銀行代理業，金融商品仲介業，保険募集人という登録がそれぞれに必要でしたが，金融サービス仲介業は，1つの登録で，銀行，証券，保険の商品を取り扱うことができます。たとえば，小売業の企業が，顧客に，保険や投資信託を勧めたり，さらには住宅ローンを勧めることもできます。

　また，現在，銀行は次のような変化に直面しています。銀行とグループ内の証券会社との間での情報共有に関する規制が緩和される方向にあります（『日本経済新聞』2022年11月5日朝刊「銀証連携　顧客情報共有で提案強化」）。このことにより，大規模な銀行が業務展開のうえで有利になることが予想されます。銀行はグループ内の証券会社や投資信託会社，カード会社などからの顧客情報を集約することで新たなビジネスチャンスを獲得する可能性が高まります。しかし同時にこれまでに経験したことのないリスクに直面することも考えられます。このことを反映するかのように，2022年12月13日の『日本経済新聞』朝刊では，追加的な顧客情報の共有に関して慎重な意見が出ていることが報道されています。

　銀行の置かれている状況は大変厳しいものです。このような状況のなかで重要なことは，銀行の本質的な部分をしっかりと把握することです。そうすることにより，変化する時代における銀行の姿を自分の頭で考えることができます。

1 日本の銀行

銀行の種類

　金融機関のなかで，銀行は特別な存在です。銀行は唯一，**預金を受け入れる**ことができます。ここが他の金融機関とは異なっています（正確には信用金庫や信用組合も預金を受け入れることができます。第**6**章を参照）。**1**では，日本の銀行について概観します。**3**において，銀行の機能に着目しますが，その前に銀行の具体的な種類や業務内容を知ることで，銀行の機能についての理解の助けになればと思います。ここでは，都市銀行，地方銀行，第二地方銀行について，おもに財務の数値から概観しましょう。**図3.1**は都市銀行，地方銀行，第二地方銀行の資産規模の経年変化を示しています。**表3.1**は，3つの種類の銀行の財務指標を比較しています。

　まず，都市銀行についてです。都市銀行は全国に支店を展開しています。また海外支店も多いです。一昔前までは，多くの都市銀行がありましたが，統合・合併を繰り返しながら，現在では4つになっています。都市銀行は地方銀行や第二地方銀行に比較して資産規模が大きいです。貸出以外に有価証券への投資も多く行っています。有価証券のうち国債への投資の割合が地方銀行，第二地方銀行よりも高いです（有価証券については，第**4**章で詳しく学習しますが，国債，社債，株式などのこといいます）。**表3.1**からわかるように，都市銀行の経費率は地方銀行と第二地方銀行に比べて低いですが，これは，都市銀行の資産規模が大きいために費用を小さくできることを示しています。経済学の理論では，規模の経済といいます。また範囲の経済という理論もあります。これは，都市銀行のように業務範囲を拡げることで費用を小さくできるというものです。

　次に，地方銀行についてです。各県を拠点にして，営業を展開しており，都市銀行よりも資産の規模が小さいです。預貸率は都市銀行よりも高くなっています。預貸率とは，銀行の**貸出**の程度を数値にしたもので，貸出を預金で割って算出されます。一般に，預貸率が高いことは，銀行が多くの貸出を行ってい

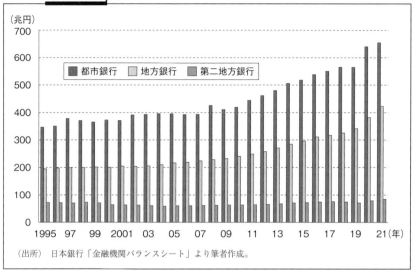

CHART 図3.1　都市銀行，地方銀行，第二地方銀行の資産規模の推移 （1995〜21年）

（出所）　日本銀行「金融機関バランスシート」より筆者作成。

CHART 表3.1　銀行の財務指標の比較

（単位：%）

	資産全体に占める貸出の割合	有価証券のうち国債への割合	負債・資本全体に占める預金の割合	預貸率	経費率
都市銀行	37.9	50.3	66.2	53.3	0.49
地方銀行	56.4	19.9	75.5	72.8	0.69
第二地方銀行	62.3	20.9	79.8	76.2	0.81

（注）　2021年度時点の数値。
（出所）　全国銀行協会「全国銀行財務諸表分析」より筆者作成。

ることを意味します。地方銀行の貸出先は中小企業が多くなっています。

　最後に，第二地方銀行についてです。正確には，第二地方銀行協会加盟地方銀行といいます。実際には，上述の地方銀行と大きな違いはありません。第二地方銀行と地方銀行との違いは，その歴史的な経緯にあります。第二地方銀行は相互銀行を経由して普通銀行に転換しました。

銀行の業務内容 (1)：資金運用

　銀行の業務内容についてみていきましょう。銀行の本業は預金と貸出です。ここでは銀行の資金運用の側面について，貸出，有価証券投資，ほかの銀行への資金の融通（コールローン）を説明します。

　まず，貸出についてです。銀行は顧客から預金を受け入れて，企業等に貸出を行っています。貸出には，手形割引，手形貸付，証書貸付，当座貸越があります。手形割引とは，企業が保有している手形を銀行が買い取ることをいいます。企業は，手形の満期日までの期間を考慮した分を割り引かれるものの，保有している手形の満期日前に，資金を入手することができます。手形貸付とは，借入先の企業に手形を発行させることにより，資金を供与するものです。実質的には，銀行から貸出を受けたことと同じです。証書貸付とは，一般に理解されている貸出のことです。金額，返済期限，金利の３つが決められています。当座貸越とは，企業の当座預金残高が不足した場合でも小切手や手形などの決済ができるというものです。具体的には以下のとおりです。企業は当座預金を利用して支払手段として小切手を発行します。小切手の所持人は，その小切手を銀行に持って行くことにより，現金を入手できます。小切手には満期日はありません。すぐに現金に換えることができます。その際，当座預金残高が不足していた場合，企業の短期資金に困難が生じていることになりますし，企業の信用にも影響を与えることになります。そこで，銀行と企業との間で，事前に当座貸越という契約を結んでおきます。そうすることで，当座預金残高が不足していても，銀行はその部分を貸付という形で対応します。

　次に，有価証券投資についてです。銀行は貸出以外に有価証券を資産として保有しています。つまり有価証券に投資をしています。銀行の投資有価証券としては，国債，地方債，社債，株式があります。いずれも価格変動のリスクがあります。

　最後に，コールローンについてです。銀行の短期の資金過不足を調整するためのものであり，コールローンは他の資金不足の銀行に資金を貸していることをさします。

手 形

　手形とは何でしょうか。企業間の取引を考えてみましょう。代金支払いの必要のある企業が，一定期間後に，その代金を支払いますという約束をしたものが手形です。手形を利用することにより，企業は資金に余裕を持つことができるようになります。たとえばA企業がB企業から原材料を仕入れたとしましょう。A企業が原材料の仕入れと同時にB企業に原材料の代金を支払わなければならない場合，場合によってはA企業は原材料の仕入れを行うことができないかもしれません。しかし，手形を利用できるならば，A企業は原材料を仕入れて，製品を作って，その製品を販売して，売上代金の入手後に，B企業に対して，原材料の代金を支払うことが可能になります。一定期間後に，取引銀行の当座預金から，手形代金が引き落とされます。手形は有価証券です。手形には約束手形と為替手形の2種類があります。さらに手形利用の利点として，上記のB企業はA企業からの手形を裏書きすることにより，取引先のC企業の代金の支払いに充てることができます。このことを手形の裏書譲渡といいます。実際に手形の裏面に裏書きをしたという署名をします。

　手形の利点はそのほかにもあります。企業間の取引だけでなく銀行も加わることで，手形というものはさらに利便性が向上します。具体的には，上述の企業の例では，B企業はA企業からの手形を保有しています。B企業は何らかの理由で資金が必要になるかもしれません。B企業は保有手形の満期日到来まで資金を手に入れることができません。しかし，B企業は銀行に保有手形を持参することにより，銀行はその手形を割り引いた形で買い取ってくれます。このことを手形の割引といいます。

銀行の業務内容 (2)：資金調達

　ここでは銀行の資金調達の側面について，預金業務とほかの銀行からの資金の取り入れ（コールマネー）を説明します。

　まず，預金についてです。銀行は顧客から預金を集めています。預金にはいくつかの種類があります。当座預金は，おもに企業の営業活動に使われます。利子は付きませんが，小切手を利用できます。小切手は有価証券です。普通預

表3.2　金融取引におけるリスクの区分

	具体例
価格リスク	保有株式や債券の価格が変化する
信用リスク	貸付先の企業の倒産により貸し付けた金額が戻ってこない
流動性リスク	保有資産をすぐに現金にすることができず，短期の支払いに困難が生じている
事務リスク	間違った金額を入力してしまう

（注）　銀行の観点から各種リスクを記述。
（出所）　筆者作成。

金は，多くの顧客が日常的に利用しているものです。上記の当座預金と普通預金以外の預金のことを有期預金といいます。貯蓄を目的としたものであり，金利が普通預金よりも高く設定されています。具体的には，貯蓄預金，通知預金，定期預金，定期積金があります。そのほか，譲渡性預金（CD）というものがあります。通常，預金の売買は禁止されていますが，譲渡性預金は売買できます。譲渡性預金は大口の定期預金であり，企業の余剰資金の資金運用に利用されています。

　次に，コールマネーについてです。銀行は多くの現金を店舗に保有しているわけではありません。現金を保有していても利益を生まないからです。しかし，銀行は顧客からの預金の引き出しの際には，即座に顧客に対して現金を渡す必要があります。そのような時に，現金が不足していたら，倒産の危機に直面することになります。このような場合に備えて，銀行は銀行間での資金の融通を行っています。それが，コールマネーです。翌日に返済することが多いです。

金融取引とリスク

　金融取引にはリスクがあります。金融取引のリスクについて整理します（表3.2）。以下では，金融取引において発生する代表的な4つのリスクを学びます。ここでは，本章の内容が銀行ということもあり，各リスクを，おもに銀行との関係から記述することにします。第1に，価格リスクです。価格リスクは市場（マーケット）リスクとも呼ばれます。銀行の保有する有価証券の価格は下落するかもしれません。このように価格が下落することを価格リスクといいます

（ただし，正確には価格が上昇することも価格リスクになります）。第2に，信用リスクです。英語表現を用いて，クレジット・リスクとも呼ばれます。銀行が企業に貸出をしたとしましょう。当然に，銀行は企業から資金を返済してもらうことを想定します。しかしながら，企業が倒産した場合はどうでしょうか。銀行は企業から返済を受けることができなくなります。このような場合に信用リスクが存在しています。第3に，流動性リスクです。銀行は顧客から多くの預金を受け入れています。これらの預金を原資にして，企業等に対して貸出等を行っています。通常，銀行は多くの現金を保有していません。多くの顧客が一斉に預金の引き出しを行ったら，銀行は顧客に現金を渡すことができなくなり，銀行は倒産し，金融システムに大きな問題が発生します。このように，即座に現金の支払いができなくなるような場合に，流動性リスクが存在しています。第4に，事務リスクです。英語表現を用いて，オペレーショナル・リスクとも呼ばれます。これは人的な間違いに起因しています。たとえば，100万円とすべきところを間違って1000万円として注文を出した場合などが相当します。またコンピュータ・ウイルスによるパソコンの被害等も含まれます。

POINT

- 銀行にはいくつかの種類（都市銀行，地方銀行，第二地方銀行など）がありますが，資産規模の点では都市銀行が他の金融機関に比較して大きくなっています。
- 銀行の業務の柱は預金と貸出であり，預貸率でみると，小さい順に都市銀行，地方銀行，第二地方銀行となっています。
- 都市銀行では有価証券投資のうち国債への投資の割合が高くなっています。

2 間接金融と直接金融

間接金融と直接金融の定義

本章は，金融システムの形成の説明に力点を置いています。みなさんが今後，金融に関する本を読む場合に必ずといっていいほどに，「**間接金融**」という言葉と「**直接金融**」という言葉に出合うでしょう。まず，間接金融と直接金融の

簡単なイメージをつかんでもらうために，企業の資金調達を考えてみましょう。この時に，企業には基本的には2つの方法があります（実は2つの方法以外にも内部金融という方法もありますが，この点に関しては，ひとまず，省略して考えます）。第1は，企業が銀行から借りるというものです。このことを間接金融といいます。そして第2は，企業が自らの信用力を使って，市場の投資家から資金を調達するというものです。具体的には，企業が株式や社債等を発行することをさします。このことを直接金融といいます。

　以上を踏まえて，間接金融と直接金融の正確な定義をしましょう。間接金融と直接金融の正確な定義を行うためには，追加的に2つの専門用語を学習しなければなりません。2つの専門用語というのは，「本源的証券」と「間接証券」です。「本源的証券」というのは，株式や社債，国債等をさします。そして，「間接証券」というのは，具体的には，預金証書や保険証券のことをさします。それでは，これらの用語と図を使いながら，間接金融と直接金融の説明をしましょう（図3.2）。

　まず直接金融の説明をしましょう。たとえば，投資家もしくは顧客が株式等を直接に購入したとします。このことを直接金融といいます。この場合，投資家と株式等を発行した企業との間に証券会社が仲介していても事情は同じです。このように，直接金融というのは，投資家もしくは顧客が直接に本源的証券（株式や社債，国債等）を購入することをさします。このことにより，資金余剰主体から資金不足主体へと資金が流れます。この場合，資金余剰主体とは投資家もしくは顧客のことであり，資金不足主体とは企業もしくは国のことです。

　次に間接金融の説明をしましょう。たとえば，顧客が銀行にお金（現金）を預けたとします。銀行は顧客との預金契約の証拠として，顧客に対して預金証書を発行し，顧客は預金証書を保有します。次に，銀行は顧客の預金を起点にして，株式等を購入します。このことを間接金融といいます。さらには，間接金融には保険会社が行うものも含まれます。顧客が保険会社と保険契約を結んだとします。保険会社は顧客との保険契約の証拠として，顧客に対して保険証券を発行します。顧客は保険証券を保有します。次に，保険会社は顧客の保険料金を起点にして，株式等を購入します。このことを間接金融といいます。このように，間接金融では，銀行もしくは保険会社が，顧客に対して預金証書も

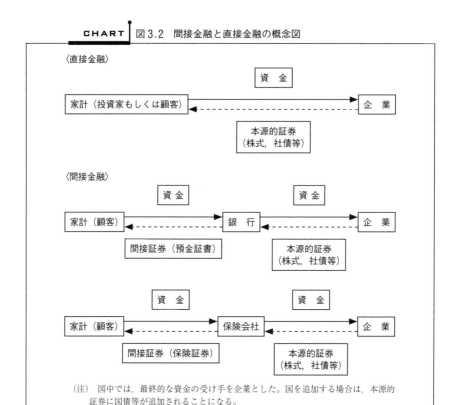

CHART 図3.2 間接金融と直接金融の概念図

〈直接金融〉

資 金

家計（投資家もしくは顧客）　←- - - - - - - - - - -　企 業

本源的証券
（株式，社債等）

〈間接金融〉

資 金　　　　　　　　資 金

家計（顧客）　←- - - →　銀 行　←- - - →　企 業

間接証券（預金証書）　　　　本源的証券
　　　　　　　　　　　　　（株式，社債等）

資 金　　　　　　　　資 金

家計（顧客）　←- - - →　保険会社　←- - - →　企 業

間接証券（保険証券）　　　　本源的証券
　　　　　　　　　　　　　（株式，社債等）

（注）　図中では，最終的な資金の受け手を企業とした。国を追加する場合は，本源的
　　　　証券に国債等が追加されることになる。
（出所）　筆者作成。

しくは保険証券という間接証券を発行します。そして，銀行もしくは保険会社
は，受け入れた資金を起点にして，株式等の本源的証券を購入します。

POINT

■　間接金融とは，顧客が銀行に預金をして銀行は顧客に預金証書を発行し，その後
　　に銀行が受け入れた預金を使って本源的証券を購入することです。
■　直接金融とは，投資家が直接に本源的証券を購入することです。
■　間接証券とは，銀行であれば預金証書，保険会社であれば保険証券のことであり，
　　本源的証券とは，株式，社債，国債等のことです。

3 銀行の機能とは何だろうか

決済機能

　経済取引には必ず**決済**が必要です。決済とは，経済取引が完了することを意味します。集中的に決済を行うことができれば，合理的かつ効率的です。この決済機能は銀行の固有の機能です。現在では預金による決済が行われています。多くの取引当事者は銀行の預金を保有しています。預金の安全性は高いですし，もしもの時は日本銀行による最後の貸し手機能や預金保険機構が存在しています。後述しますが，銀行に決済機能があることにより，銀行は貨幣を創り出すことができます。

信用創造機能

　本章のタイトルは「お金を創って貸し出す」です。これから説明する信用創造機能というのは，直接に本章のタイトルに関係しています。結論を先取りする形になりますが，内容の方向性を知るためにも，**信用創造**の重要な部分を端的に以下に記述します。銀行に決済の機能があるために，銀行には信用創造機能があります。そして，次が核心部分です。信用創造では，受け入れた預金の何倍もの預金を創り出すことができます。それでは銀行の信用創造機能について具体的に数値例を用いながら一緒に考えていきましょう（図3.3）。

　いま，家計Yは100万円を持っています。家計Yは100万円をA銀行に預金します。家計Yの預金のことを本源的預金といいます。A銀行では受け入れた預金100万円のうち，90万円をB企業に貸し出します。銀行の預金準備率を10％とします。銀行は受け入れた預金の一定割合を中央銀行に置かなければならないとする制度があり，その一定割合のことを預金準備率といいます。金融政策の目的のためにこの制度は存在しています。

　さて，信用創造に話を戻しましょう。B企業は原材料の支払いのためにC企業に90万円を渡すとしましょう。C企業はこの90万円をD銀行に預金し

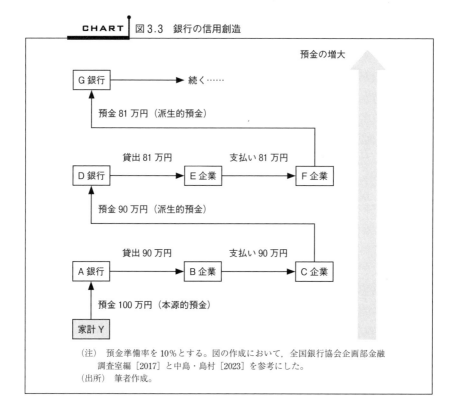

CHART 図3.3 銀行の信用創造

預金の増大

G 銀行 ────→ 続く……

　預金 81 万円（派生的預金）

貸出 81 万円　　　　支払い 81 万円

D 銀行 ───→ E 企業 ───→ F 企業

　預金 90 万円（派生的預金）

貸出 90 万円　　　　支払い 90 万円

A 銀行 ───→ B 企業 ───→ C 企業

　預金 100 万円（本源的預金）

家計 Y

（注）　預金準備率を 10％とする。図の作成において，全国銀行協会企画部金融
　　　調査室編［2017］と中島・島村［2023］を参考にした。
（出所）　筆者作成。

ます。D 銀行は E 企業に預金準備率 10％分を差し引いた 81 万円を F 企業に
貸し出します。そして F 企業は G 銀行にという形で続きます。これは無限等
比級数の和の問題に帰着します。

$$銀行システム全体の預金合計額 = \frac{100 \, 万円}{1 - 0.9} = 1000 \, 万円$$

　すなわち，上記の場合において，銀行は当初に受け入れた 100 万円の預金を
最終的には 1000 万円にまで増やすことができました。

金融仲介機能

　間接金融の説明で登場した銀行と保険会社のことを金融仲介機関といいます。
金融仲介という用語の中身を具体的に考えてみましょう。たとえば，家計と銀

Column ❸　預金保険機構について

　銀行固有の機能である決済機能は非常に公共性の高いものです。金融危機の発生により，銀行が倒産すれば，日本経済が大きな影響を受けることは間違いありません。そこで日本では，銀行の預り金の取り付け騒ぎを事前に予防するための制度があります。それが**預金保険**制度です（金融庁・預金保険機構「預金保険制度──私たちの預金と保護の仕組み」を参照）。日本では預金保険制度を担っているのは，預金保険機構という組織です。この組織は，政府の100％子会社です。銀行（正確には預金取扱金融機関）は毎年，それぞれの預金保有額に合わせた形で，保険料を預金保険機構に納めています。預金保険機構は，受け入れた資金を金融危機の時に銀行等の救済等のために使用します。対象金融機関は，都市銀行や地方銀行，さらには信用金庫，信用組合，労働金庫等です。ただし外国銀行の日本支店は対象外です。

　預金保険機構はどの範囲までの預金を保護するのでしょうか。保護の対象となる預金は，当座預金や普通預金，定期預金等です。外貨預金は対象外です。当座預金と利子の付かない普通預金については，全額が保護の対象になります。一方，普通預金と定期預金等については，名寄せ後に各金融機関につき1000万円まで保護されます。たとえば，ある銀行のA支店とB支店に，それぞれ500万円と700万円を預金していたとします。その場合，名寄せ後に1000万円の預金が保護されます。残りの200万円については，破綻した銀行の財産状況により決まることになります。

行，企業が存在したとします（ちなみに家計というのは生計を同じにする単位のことです。1人暮らしでも家計です。家計と同じような用語として，消費者，顧客，世帯等があります）。家計は資金余剰主体としましょう。つまり，お金を保有していて，貸したいと考えています。企業は資金不足主体としましょう。金融仲介の説明のポイントは，銀行の役割にあります（保険会社も金融仲介機関ですが，ひとまず銀行の役割に焦点を当てます）。銀行は預金という形で多くの家計から資金を集めます。この際に銀行はさきほどの間接金融のところで登場した間接証券を家計に対して発行します。そして銀行は確保した資金を企業への貸出等に使います。利益という観点からは，家計への預金金利と企業への貸出金利との差か

ら利益を得ています。当然に銀行経営の視点から預金金利は貸出金利よりも低くなります。もし預金金利が貸出金利よりも高い場合，逆ざやが発生しているといいます。

　それでは，銀行の役割もしくは特別な機能に目を向けましょう。一般に銀行は預金という形を貸出という形に変換しています。この銀行の役割もしくは特別な機能のことを，金融論では資産変換機能といいます。加えて，預金と貸出の満期の点について考えましょう。銀行の預金は短期の期間が多いかもしれません。たとえば，みなさんが銀行からバイト代を引き出すことを思い起こしてください。一方，銀行の貸出は長期の期間であることが多いです。たとえば，住宅ローンを想起してみてください。住宅ローンの期間は通常，10年から35年程度と長いです。つまり，銀行はさきほどの資産変換機能に加えて，短期から長期へという満期変換機能を持っています。

┃ 金利デリバティブの活用 ┃

　さらに，銀行のリスク管理の必要性について追加的に説明します。内容としては，銀行は金利の影響を受けるということです。背景として，預金と貸出の構成を変化させにくいことが挙げられます。機関投資家であれば，保有している証券のポートフォリオを組み替えることができます。しかし銀行の業務内容は預金と貸出がおもなため，簡単に組み替えることはできません。したがって金利の変化により，大きな損失を被るかもしれません。このようなリスクに対しては，デリバティブ（金融派生商品）を用いたリスク管理が有効になると考えられます。とくに先物取引など金利デリバティブの利用が考えられます。金利の先物取引により，銀行は金利の変化によるリスクを回避できます。ちなみに，先物取引は，将来の相場に関する取引を現在に行うというものです（➡第7章）。契約ですので，将来の一定期日になれば，必ず，その取引を実行しなければなりません。

┃ 証券化の利用 ┃

　さらには，証券化という方法もあります。証券化とは，本質的には，企業の資金調達の技術的な方法です。ポイントは，企業は自分の信用力（財務基盤）

でなく，保有している資産の信用力により，資金を調達できることです。要するに，質の良い資産を保有していれば，その資産の信用力により，自分の信用力よりも有利な資金調達が可能です。多くの場合において，資金調達コスト（資本コスト）を小さくできます。資本コストとは，企業の資金調達に伴うコストのことで，具体的には投資家の要求する収益率のことです（➡第 5 章）。

　ここでは，証券化の技法をおもに銀行のリスク管理の観点から学ぶことにします。

　それでは，銀行の証券化の具体例をみてみましょう。銀行は顧客に対しての貸出債権を保有しています。銀行は貸出債権を自身の特別目的会社（special purpose company: SPC）に譲渡します。特別目的会社は，貸出債権を担保にして，新たに証券を発行します。この証券のことを証券化商品といいます。証券化商品はリスクに応じて，シニア，メザニン，エクイティのように分けられて，発行されます。リスクの高い順に，シニア，メザニン，エクイティです。価格の高い順は，上記の逆の順番になります。投資家のリスク選好の程度に対応したものです。銀行は証券化の実施により，保有していた貸出債権を切り離し，満期構造の違いから生じる問題を解決しました。

　ここで少し補足をしておきましょう。上記の例において，貸出債権を担保にしていますが，具体的に，貸出債権の何を担保にしているのでしょうか。それは，貸出債権から発生する将来のキャッシュフローです。最後に，証券化についての用語の補足をしましょう。証券化商品は資産担保証券（asset backed securities: ABS）といいます。債権の中身がすべて不動産向けの場合，モーゲージ担保証券（mortgage backed securities: MBS）といいます。MBS は，さらに 2 つに分類されます。商業用不動産向けの場合，CMBS（commercial mortgage backed securities）といいます。個人の住宅ローンの場合，RMBS（residential mortgage backed securities）といいます。また別の債権の中身として，債務担保証券（collateralized debt obligation: CDO）というものがあります。CDO の種類として，CLO（collateralized loan obligation）と CBO（collateralized bond obligation）があります。前者は債権の中身が貸出で，後者は社債です。

情報生産機能

　金融の世界では多くの情報を持つことは非常な強みになります。当然に銀行も同様です。

　たとえば，銀行による貸出において，銀行と企業との間で，情報の非対称性が発生することは容易に予想されます。情報の非対称性とは，ある人はAという情報を持っているが，別の人はAという情報を持っていないというものです。借り手は自分に不利な情報を銀行に提供しないかもしれません。なぜならば，企業が自分に不利な情報を銀行に伝えることにより，銀行はより高い貸出金利を要求してくるかもしれないからです。そこで，銀行は貸出先の情報を生産する必要があります。有益な情報を生産することができれば，銀行経営においても非常にプラスの要因になります。銀行が企業の情報を入手する方法として，一般的に企業の財務諸表等を調べることが挙げられます。加えて，銀行固有ともいえる預金を**情報生産**に有効に利用することができるのです。銀行は貸出先の企業から預金を受け入れています。企業は営業活動等に借入先の銀行の当座預金を利用しています。銀行は，この企業の当座預金を監視することができます。企業の当座預金の動きをみることにより，銀行は企業の営業活動を資金面の動きから把握することが可能になるのです。

POINT

- ■ 決済機能：預金を使って経済取引の最終的な決済を行います。
- ■ 信用創造機能：銀行システム全体では，銀行は受け入れた預金の数倍の預金を創り出すことができます。
- ■ 金融仲介機能：銀行は家計と企業との間の仲介を行っています。銀行は家計から預金を受け入れ，その預金を使って企業に貸し出します。
- ■ 情報生産機能：銀行は企業との長期的な関係を基礎にして，特別な情報を収集できると考えられています。

4 銀行の貸出

銀行を取り巻く環境

　時代の変遷とともに銀行の業務は変化していますが，いまも変わらずに銀行の業務の柱は預金と貸出です。ここでは，おもに経済学の観点から銀行の貸出に関する課題について説明します。

　まず貸出という用語についてです。貸付という用語も存在します。厳密には，貸出と貸付は違います。貸付という場合，長期の貸出をさし，短期の手形割引は入りません。しかしながら，最初の段階では，あまり用語自体にとらわれる必要はありません。

　銀行は企業の財務諸表や将来のキャッシュフロー等を十分に分析して企業に対して貸出を行います。銀行がどの程度に貸出を行っているかについては，預貸率があります。一般には，預貸率は100を超えませんが，短期金融市場で資金を借りて貸出を行う場合には預貸率が100を超えることがあります。預貸率は金融市場での銀行の役割を表す1つの指標と考えることができます。

　図3.4は銀行の預貸率の推移をみたものです。預貸率は低下の傾向にあることがわかります。2000年に95.4％だったものが，10年には72.5％，そして21年は61.4％になっています。このような預貸率の低下を評価する際には十分な配慮が必要です。というのは，銀行を取り巻く環境が急速に変化しているからです。まず指摘しなければならないことは，貸出金利が大きく低下していることです（図3.5）。銀行は，日本国内において預金と貸出から利益を得ることが非常に難しくなっています。さらには，企業の証券市場からの資金調達が増加傾向にあり，銀行からの借入が減少することが示唆されます。つまり，銀行は，他の収益源を求める必要があります。そのため，銀行は持株会社を作ることにより，証券会社や保険会社，投資信託会社等を持つ多角化戦略をとろうになっています。銀行はこれまでに預金と貸出についてのリスクには多くの経験がありますが，証券や保険等についての経験はありません。銀行は，新しいリ

CHART 図3.4 国内銀行の貸出金と有価証券の保有額，預貸率 （1995 〜 2021 年）

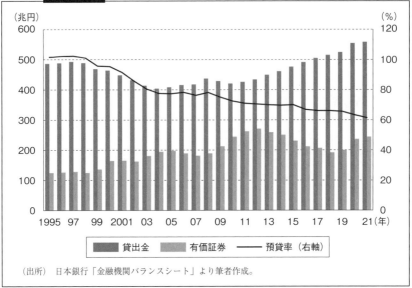

（出所） 日本銀行「金融機関バランスシート」より筆者作成。

スクに直面することになりました。

銀行貸出と経済学

　それでは，経済学（ここではミクロ経済学）の観点（情報の非対称性，モラル・ハザード，逆選択）から，銀行による貸出の内容を整理しましょう。

　企業への貸出の問題点として，すでに説明したように情報の非対称性があります。情報の非対称性は金融システムの健全性にマイナスに作用します。情報の非対称性を緩和することが金融システムの役割であると主張する研究者もいます。

　また，モラル・ハザードというものがあります。モラル・ハザードは道徳的危険と訳されることがあります。一般には企業側に問題があることをいいます。ある企業がある銀行からすでに資金を借りているとします。もし企業が倒産したら，銀行はこれまでに貸した資金を回収できなくなり，損失を被ります。企業がこの銀行の事情を考慮して，もしくは倒産に直面した時の追加融資を期待して，営業努力を怠る場合等が考えられます。つまり，道徳が崩壊しているわけです。

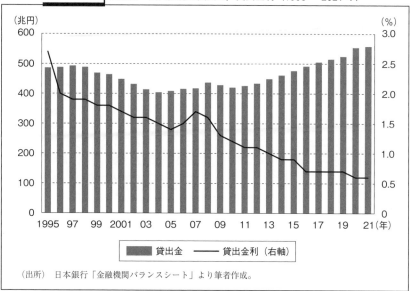

CHART 図3.5 国内銀行の貸出金，貸出金利（1995～2021年）

（出所）　日本銀行「金融機関バランスシート」より筆者作成。

　さらに，逆選択というものがあります。逆選択は先述の情報の非対称性とモラル・ハザードにも関連しています。現実の世界にはさまざまな企業が存在します。それらのなかには，銀行の貸出の観点から，リスクの高い企業と逆にリスクの低い企業があります。銀行が，貸出先の企業がリスクの高い企業なのかそれともリスクの低い企業なのかを判断するのは難しいことです。そこで銀行は平均的な企業というものを想定します（実際に平均的な企業が存在するかどうかは判断の難しいところです）。そして平均的な企業の貸出金利を設定します。ここで問題が発生します。リスクの低い企業にとって，平均的な貸出金利は割高になります。そのためリスクの低い企業は借りません。一方，リスクの高い企業にとって，平均的な貸出金利は割安になります。そのためリスクの高い企業は借ります。銀行側からすれば，本来選択したい企業ではなく，選択したくない企業が集まってくることになります。言葉どおりに，「逆選択」です。

　上記で登場した3つの用語（情報の非対称性，モラル・ハザード，逆選択）は，ミクロ経済学で学習するものです。このように金融論ではミクロ経済学の応用分野として把握できることも多いのです。

■ 銀行を取り巻く状況は大きく変化しています。
■ 銀行の預貸率は低下傾向にあります。
■ 金融論は経済学の応用分野として位置づけることができます。

NEXT

　金融の大きな分野には，銀行と証券があります。本章では，銀行について学習しました。日本の金融市場は，伝統的に間接金融に重きが置かれています。しかしながら，近年では，金融教育の浸透とともに証券の役割が増大しています。どのような点において，証券と銀行は異なっているのでしょうか。次章では，証券について学習しましょう。

EXERCISE

□ 1　間接金融と直接金融の定義について，間接証券と本源的証券の用語を使って説明してみましょう。

□ 2　図書館で，もしくはインターネットを使って「自己資本」という用語の意味を調べてみましょう。

□ 3　価格リスク，信用リスク，流動性リスク，事務リスク，という用語の意味を説明してみましょう。

□ 4　銀行の預金と貸出について，以下の用語を使って現状と課題を整理してみましょう。
　　　家計，決済，預金保険，企業，情報の非対称性，モラル・ハザード，預貸率

読んでみよう　　　　　　　　　　　　　　　　　　　　　　　Bookguide ●

酒井良清・鹿野嘉昭［2011］『金融システム（第4版）』有斐閣
　　→金融システムの入門書です。非常にわかりやすく書かれています。
西川俊作編，浅子和美・池尾和人・大村敬一・須田美矢子著［1995］『経済学とファイナンス』東洋経済新報社
　　→金融の中級レベルの本です。内容は少し難しいかもしれませんが，より詳

しく金融について学びたい人には最適な本です。

ツヴィ・ボディ゠ロバート・C.マートン（大前恵一朗訳）［2001］『現代ファイナンス論──意思決定のための理論と実践（改訂版）』ピアソン・エデュケーション

　→金融だけでなく，財務的な内容についても学習したい人には，ぜひ手に取って欲しい本です。

第**4**章

お金を直接調達する

証券市場と直接金融

証券とは，どのような金融商品なのだろうか？

KEY WORDS

- □ 証券会社
- □ 機関投資家
- □ 国 債
- □ 社 債
- □ 現在価値

- □ 将来価値
- □ 割引現在価値
- □ 株 式
- □ 資産選択理論
- □ 金融教育

　本章では，証券について学習します。証券にはいくつかの種類がありますが，それらのなかから，国債と社債，株式について，金融商品の仕組みの点から説明します。

　図 4.1 は日本の政府債務残高の経年変化を示しています。名目 GDP（国内総生産）との対比では，政府の債務残高の数値が大きく上昇していることがわかります。2022 年における政府債務残高の対名目 GDP 比は 264％になっています。『日本経済新聞』（22 年 12 月 25 日朝刊）では，日本国債の格付けが低くなる可能性について言及し，格付けが低くなった場合の日本企業の国際競争力低下のプロセスが示されています。現在，日本国債の格付けはシングル A プラスです（格付機関スタンダード＆プアーズ〔S&P〕）。アメリカ国債の格付けはダブル A プラスです。日本国債の格付けの低下は日本の銀行の格付けの低下を意味します。なぜならば，国債の格付けよりも民間企業の格付けが高くなることはないからです。日本の銀行の格付けの低下は日本の銀行の外国通貨（とくに

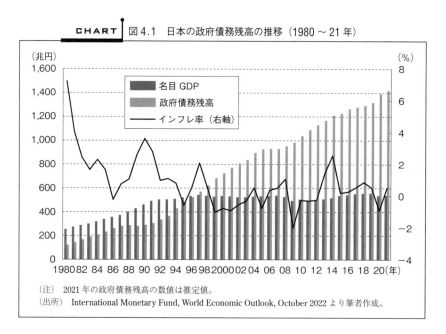

CHART 図 4.1　日本の政府債務残高の推移（1980 〜 21 年）

（注）　2021 年の政府債務残高の数値は推定値。
（出所）　International Monetary Fund, *World Economic Outlook, October 2022* より筆者作成。

ドル）の資金調達に大きく影響します。外国通貨の資金調達を行う理由の1つに日本企業の外貨資金をサポートすることが挙げられます。ということは，日本企業の資金調達に大きく影響することになり，結局のところ日本企業の国際競争力が低下することになります。

1 証券を扱う金融機関

証券会社とは

　証券のイメージを膨らませるために，日本における証券を扱う金融機関について整理しましょう。一般的には，**証券会社**，生命保険会社，損害保険会社，投資信託会社，年金基金等を列挙できます。ここでは，おもに証券会社の業務内容をみていきましょう（第**6**章では，保険会社や投資信託会社の業務内容が説明されています）。

　証券会社の業務内容を述べましょう。実は，証券市場は，便宜的に発行市場と流通市場という2つの市場に分けることができます。この分類は，とくに証券会社の業務内容を説明する時に便利です。企業等の証券発行については，②で詳しく学習しますが，ここでは，簡単に発行市場と流通市場について説明しましょう。発行市場（プライマリー・マーケット）とは，その名のとおり，企業等が証券を発行して，投資家が購入する市場をいいます。流通市場（セカンダリー・マーケット）とは，投資家が購入した証券を他の投資家との間で売買する市場です。もし流通市場が存在しなければ，投資家は購入した証券を満期が到来（社債の場合）するまで，保有しなければならず，非効率です。このような場合，そもそも投資家は証券を購入しないと考えられます。このような発行市場と流通市場において，証券会社はおもに4つの業務に従事しています（表4.1）。

　第1と第2の業務は，発行市場における，引受業務（アンダーライティング業務）と募集業務（セリング業務）です。引受業務とは，証券会社が企業の発行証券を引き受けて，投資家に販売するものです。引き受けた証券が残った場合，

表4.1 証券会社の4つの業務

市場区分	業務の種類	内　　容
発行市場	引受業務	企業の発行証券を引き受けて投資家に販売する
	募集業務	企業の発行証券を投資家に販売する
流通市場	自己売買業務	証券会社がリスクをとって証券の売買を行う
	委託売買業務	投資家の注文を受ける

（出所）　筆者作成。

証券会社の負担になります。一方，募集業務は，引受業務とは異なり，証券会社は残った証券についてのリスクを負担しません。補足すると，発行市場に関連して，直接発行と間接発行という用語があります。直接発行とは，企業が直接に投資家に証券を渡します。企業と投資家との間に金融機関は介在しません。一方，間接発行とは，企業と投資家との間に金融機関（証券会社）が介在します。加えて，公募発行と私募発行という用語があります。公募発行とは，広く一般の投資家から資金を調達します。私募発行とは，特定の第三者から資金を調達します。私募発行では，発行前に引き受ける投資家が決まっています。

　証券会社の第3，第4の業務として，流通市場における，自己売買業務（ディーリング業務）と委託売買業務（ブローキング業務）があります。自己売買業務とは，証券会社が自らの資金を使用して，証券取引を行うものです。当然にリスクは証券会社にあります。一方，委託売買業務は，証券会社は投資家からの注文を取引所市場につなぐ役割をします。証券会社は投資家から手数料を得ることができます。リスクは投資家の負担になります。

機関投資家とは

　次に，機関投資家についてみていきましょう。機関投資家とは，投資信託会社，保険会社，年金基金のことをいいます。図4.2は，上記3つの金融機関の資産規模を比較しています（図4.2の証券投資信託が投資信託会社に相当）。このなかでは保険会社の規模が大きくなっています。また2010年代後半には投資信託会社の規模が年金基金を上回っています。それでは，投資信託会社，保険会社，年金基金とはどのような金融機関なのかを整理しましょう（表4.2）。いずれも，さきほどの証券会社との比較では，機関投資家は，すでに発行された証

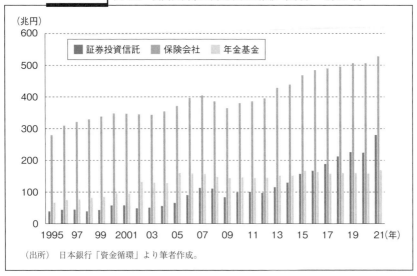

（出所） 日本銀行「資金循環」より筆者作成。

CHART 表 4.2 機関投資家に分類される金融機関

	業務内容	資産規模の大きさ（順位）
投資信託会社	投資信託という金融商品を作る。信託銀行に資産運用の指示を行う	2
保険会社	顧客から保険の掛金を受け取り，有価証券等で資産運用を行う	1
年金基金	顧客から年金保険料を受け取り，有価証券等で資産運用を行う	3

（注）　資産規模は 2021 年時点。
（出所）　筆者作成。

券を扱う業務に従事する形になります。投資信託会社は，顧客から資金を受け取り，有価証券等による資産運用を行っています。顧客は必ずしも金融に関する専門知識を持っていません。投資信託会社は顧客から運用に関する手数料を徴収します。なお，運用による損失のリスクは顧客にあります。年金基金は，顧客から年金保険料を受け，有価証券等による資産運用を行っています。同様に，保険会社は，顧客から保険の掛金（保険料）を受け取り，有価証券等によ

る資産運用を行っています。

2 証券とは，どのようなものか

債券(1)：国債

国債は，国が発行しています。額面金額，利息，償還期限の３つの要素があります。国債の金利（正確には利回り）は安全な資産の金利という意味でリスク・フリー・レートと呼ばれます。通常，国は破綻しないことが想定されています。その根拠として，国による徴税権が挙げられます。国債の償還の原資は，将来の租税収入です。以下で，日本の国債について，詳しく学習しましょう。国債に関しては，財務省のウェブサイトと財務省発行資料（「債務管理レポート2021——国の債務管理と公的債務の現状」）が大変参考になります。財務省のウェブサイトから無料で入手することができます。ここでの国債の詳細についての説明は，このレポートの内容を参考にしています。

まず，国債とはどのようなものかを述べます。日本国債は日本政府が発行する有価証券です。政府の財政を考えると，収入と支出に分かれます。財政における収入のことを歳入，支出のことを歳出といいます。定義上，歳出と歳入は一致します。収入としてはおもに税収が挙げられます。また，支出としては社会保障費や公共事業などが挙げられます。日本の場合，税収などからだけでは歳入が不足するので，不足分もしくは赤字分の資金調達が必要になり，それを国債を発行して調達しています。

次に，国債の種類について解説します。国債は，償還期限の長さなどにより，以下のように分類することができます。短期国債（6カ月，1年），中期国債（2年，5年），長期国債（10年），超長期国債（20年，30年，40年），個人向け国債（固定3年，固定5年，変動10年），物価連動債（10年），変動利付国債（15年）です（カッコ内の期間は償還期限を表します）。短期国債とは，償還期限が1年までのものになります。短期国債は割引国債になります。割引国債には，利息が支払われません。その代わりに，購入時に額面金額から割り引いた金額で購入できます。そして，償還の際には，額面金額を受け取ることができます。実際には，割り引かれた金額分が利息に相当することになります。一方，短期国債以外の国債は，年に2回の利息が投資家（国債の保有者）に支払われます。この利息は発行時に決められます。利息の変更はありません（正確には，個人向け国債の変動10年，物価連動債，変動利付国債では，事情が異なります）。国債の額面金額に対する利息の割合のことを，表面利率もしくはクーポンレートといいます。日本の金融市場の基準金利の指標となっている償還期限10年の国債は，金融市場において重要な役割を担っています。

最後に，国債の保有構造について記述します（財務省「債務管理レポート2021──国の債務管理と公的債務の現状」55頁）。国債の保有構造をみるには，海外の割合がどれくらいかということが重要なポイントになります。海外の金融機関等は経済的に合理的な行動をとるはずです。海外保有の割合が高い場合，海外の金融機関等が一斉に国債の売りを行えば国債の価格は急落し，国内の金融市場は混乱します。しかし，日本の国債の保有構造は，日本銀行（45％），国内の金融機関（37％），海外（13％）となっています（2020年12月末）。日本国内の主体が多くの国債を保有していることがわかります。

┃ 債券⑵：社債

社債は普通社債もしくは一般社債といわれ，単に社債ともいいます。企業の規模等は千差万別ですから，社債もそれに応じて多くの種類があり，額面金額や利息，償還期限はさまざまです。また，社債は株式とは異なり，1つの会社が発行条件の異なった社債を発行することができます。担保の有無という条件の違いも存在します。さらに，公募発行もしくは私募発行という区分の選択が

あります。公募発行は広く一般投資家から資金を募集します。私募発行は特定の投資家に限定して資金を募集します。発行費用の面では，私募発行の方が公募発行よりも有利になります。私募発行の場合，投資家の人数が少ないので発行後に当事者同士（発行企業と投資家）の交渉により条件を変更することも可能です。そのため発行時の条件に多くの注意を払わなくてもよいと考えることができます。一方，公募発行の場合，流通市場での売買を円滑にするために規格化もしくは標準化されている必要があります。

　上記とは少し内容の異なる社債が存在します。新株予約権付社債というものです。これは社債ですが，株式との関係が存在します。新株予約権付社債とは，社債の発行の際に，その会社の新株式を取得できる権利が付与されているもののことをいいます。新株予約権について，2002 年の商法改正により，従来の転換社債とワラント債は転換社債型新株予約権付社債と新株予約権付社債という名称に変更になりました。前者の転換社債型新株予約権付社債（従来の転換社債）では，社債発行の際に，決められた期間中に，決められた価格で，保有している社債を株式（新株式）に転換できるという内容が決められています。後者の新株予約権付社債（従来のワラント債）では，社債発行の際，決められた期間中に，決められた価格で，決められた新株式の数を，新たに資金を投入して購入できるという内容が決められています。転換社債型新株予約権付社債との違いは，新たに資金を投入して新株式を購入する点にあります。

　それでは，なぜ，このような金融商品が存在しているのでしょうか。それは，投資家と発行企業のそれぞれにとって大きな利点があるからです。第 5 章で詳しく学ぶ資本コストという考えを使えば，以下のようになります（資本コストとは，企業の資金調達に伴うコストのことで，具体的には投資家が要求する収益率のことです）。発行企業側からみれば，投資家に株式購入の権利を与えることで，資本コストを低くできる利点があります。また投資家側からみれば，資本コストが低くなることは不利な点になりますが，それ以上に資産運用で有利な点が存在します。どういうことかというと，株式購入というのは権利です。権利なので，投資家は権利を行使しなくてもよいことになります。つまり，投資家は，安全資産として社債を満期まで保有するという選択を維持しながら，場合により，企業の新株を取得して高いリターンを狙うことができるのです。

債券の評価とは

国債と社債という債券の種類をみてきました。これらの債券は市場で売買されますが，債券の評価にはどのような基本的な考え方があるのでしょうか。ここでいう評価とは，まだ実現していない価格を計算することを意味しています。さきに結論を示せば，**現在価値**と**将来価値**，もしくは**割引現在価値**に集約されます。債券の評価全般について，現在価値，将来価値，割引現在価値という専門用語を使いながら説明します。

まず，現在価値と将来価値の意味についてです。たとえば，現在，100万円を持っているとします。金利は5％とします。1年後には，100万円は105万円になります。現在の100万円と1年後の100万円は価値が違うのです。現在価値と将来価値との関係を式に表せば下記のように書けます。

$$100万円 = \frac{105万円}{1+0.05} \tag{1}$$

(1)式の意味は，右辺の将来の105万円を金利5％で割り引くことにより，1年後の100万円の価値を現在価値にしています。割り引くとは，将来価値を現在価値に変換する作業のことです。もし(1)式の意味がわからない場合，(1)式の右辺の分母の数字を両辺に掛ければ，100万円を金利5％で，たとえば銀行に預金した場合の1年後の受け取り金額になることを確認してください。

それでは，債券の評価について考えましょう（(2)式を参照）。具体的な例として，満期が5年の債券への投資を想定しましょう。額面金額が100万円，利息は5万円（表面利率5％），償還期限は5年とします。発行時に利息は決まります。さきほどの割引現在価値の式を応用すれば，この債券の評価は以下のようになります。

$$\begin{aligned}
債券の現在価値 = &\frac{5万円}{1+0.05} + \frac{5万円}{(1+0.05)^2} + \frac{5万円}{(1+0.05)^3} + \frac{5万円}{(1+0.05)^4} \\
&+ \frac{5万円+100万円}{(1+0.05)^5}
\end{aligned} \tag{2}$$

ここで，右辺のそれぞれの項は，1年後のキャッシュフローの現在価値，2年後のキャッシュフローの現在価値，3年後のキャッシュフロー現在価値，4年後のキャッシュフローの現在価値，5年後のキャッシュフロー（元本の償還が含まれていることに注意）の現在価値を表していることからわかるように，結局のところ，債券の評価における現在価値というものは，各期それぞれの将来価値を割り引いたものの合計になるという加法的な考え方を使っています。金利については，（実際には難しいのですが）同じような種類の債券の金利を探してきます。たとえば，上記式の金利は，ほかの債券の金利に5％というものがあることを示しており，投資家は少なくとも5％の収益の他の機会を上記の投資のために放棄していることになります。なお，将来価値を現在価値に変換するために使った金利のことを，とくに割引率といいます。上記の式では，金利5％が割引率になります。

┃ 金利の期間構造：イールドカーブ ┃

　ここで，補足事項もしくは注意点を述べます。上述の例では割引率に使用した金利は期間（残存期間もしくは満期）に関係なく同じとしていました。これは短期金利と長期金利を同じとしていること，もしくは短期金利と長期金利を区別していないことを意味しています。考えを単純化するために，このように設定しました。実際には，たとえば，期間2年，期間3年の金利はそれぞれ異なります。債券の各期（正確には残存期間）の金利が異なることを，金利の期間構造といいます。金利の期間構造では，通常，縦軸に債券の金利の数値をとり，横軸に債券の残存期間をとります。算出方法の考えとしては，(2)式の左辺に市場で決まる債券価格を代入してください。そうすると，右辺では利息と元本は決まった数値が入るので金利の部分だけが未知数になります。左辺と右辺から金利（正確には利回り）の数値が確定します。そして，2年後の金利，3年後の金利などの数値をグラフに表すことにより，曲線を描くことができます。この曲線のことをイールドカーブといいます。通常，イールドカーブは右上がりになります。右上がりになることの意味は，短期金利よりも長期金利が高いということです。長期金利が短期金利よりも高い理由は，投資家にとっては流動性を手放している期間が長いので，その分，高い金利を要求することと，長けれ

ば長いほど，債券のデフォルトのリスクが高まることなどにより説明できます。

株式の種類

　次に，**株式**について学習しましょう。「株」といういい方がよく用いられていますが，「株式」が正確な用語になります。一般に，株式といえば，資産運用の側面に注目が集まります（次の③で説明します）。これは投資家の視点に立ったものです。ここでは，株式の種類の説明を中心に行います。

　株式には権利内容により種類があります（表4.3）。基本は，普通株式で，権利内容に制限等がありません。一般に株式という場合，この普通株式をさします。普通株式以外の株式のことを種類株式といいます。具体的には，優先株式，劣後株式，混合株式等があります。また金庫株式というものもあります。

　優先株式とは，会社の利益の配当と残余財産の分配において，普通株式等と比較して，文字どおり，優先的な地位に置かれているものです。その代わりに議決権のないことが多いです。優先株式は，事前に配当についての決まりが定められています。会社に利益が出た場合，まず，優先株式保有の投資家に対して，配当が出されます。優先株式保有者への配当の後に，普通株式保有の投資家に対して，配当が出されます。

　劣後株式とは，会社の利益の配当と残余財産の分配等において，文字どおり，劣後的な地位に置かれているものです。要するに，会社の経済的な利益を最後に受け取るということになります。劣後株式は後配株式とも呼ばれます。

　混合株式とは，上記で説明した優先株式と劣後株式の両方の性質を持つ株式をいいます。たとえば，利益の配当に関しては，優先的な地位にありますが，残余財産の分配に関しては，劣後的な地位にあるような株式をいいます。

　金庫株式とは，自らの会社の株式を保有していることをさします。会社が自らの株式を買い戻し，そのまま保有するような場合，この株式のことを金庫株式といいます。会社は，この金庫株式を売却することもできます。

　このように，株式にはいくつかの種類がありますが，基本は普通株式であり，議決権に制限の付く株式は，発行済株式総数の2分の1を超えて発行することはできません。株式の本質は，経営に参加する権利を得ることです。この株式の本質に照らせば，議決権に制限が付く種類株式は，あくまでも付随的なもの

CHART 表 4.3 株式の種類

	内　容
普通株式	一般的なものであり，権利内容に制限がない
優先株式	利益配当や残余財産の分配において優先的に扱われるが，議決権がないことが多い
劣後株式	利益配当や残余財産の分配において劣後的に扱われる
混合株式	優先株式と劣後株式の中間（ある権利では優先的であるが，ほかの権利では劣後している）
金庫株式	自分の会社の株式を保有していて，市場で売却することもできる

（出所）　釜江編［2015］，住友信託銀行著・住信ビジネスパートナーズ株式会社編［2010］を参考に筆者作成。

といえるでしょう。

株式の評価とは

　さきほど，債券の評価の話をしました。ここでは，同じ証券でも株式の評価はどのように行われるのかを説明しましょう。株式の評価は債券の評価に比べて一般に複雑になります。というのは，株式の場合，債券よりも不確実な要因が多く加わるからです。債券の利息は発行時に決定され，その後に変化することはありません。ところが，株式の配当は企業の業績に大きく左右されます。また企業の成長性という要因も考慮する必要があります。株式の評価には，代表的に割引キャッシュフローというモデルがあります。さきほどの債券の評価と同じ考えを用いて説明しましょう。投資家は毎年配当を受け取り，3年後に株式を売却するとします。配当は一定とします。この場合，以下の式で表すことができます（ただし，期間を無限にした場合，式の内容に変化が生じますが，この点はより発展的な教科書で学習してください）。

$$株式の現在価値 = \frac{配当}{1+0.05} + \frac{配当}{(1+0.05)^2} + \frac{配当 + 第3期の株価}{(1+0.05)^3}$$

　株式の評価では，割引率の設定が困難です。同じような株式を探してくることが難しいからです。株式の評価を行うための割引率の算出には，資本資産価格モデル（capital asset pricing model: CAPM）という理論があります。CAPM の

基本的な考え方は，個々の株式は株式市場全体の影響を受けるというものであり，株式市場全体の収益率の平均値と関係があることに着目しています。実際には，株式市場全体の収益率の平均値に係数を掛けた数値に，金融市場のなかでの安全資産の金利を加味して，株式の評価のための割引率が計算されます。上記の係数（CAPMではベータと表現される）の意味は，個々の株式により株式市場全体から受ける影響の程度が違うということです。

3 どのように証券を選択すればよいのだろうか

資産選択理論

　本節では，多くの読者が関心のある資産運用について学びます。代表的な理論は，平均・分散アプローチです。この**資産選択理論**の特徴は，リターンとリスクについて，平均と分散から，アプローチしているところにあります。平均とは，n 個の数値があった場合，n 個の数値をすべて合計して，その数値を n で割ることにより得られます。分散とは，n 個の数値があった場合，それぞれの数値から上述の平均値を引くことで得られる値を2乗した値をすべて合計します。そして，その値を n で割ることにより，分散の値を得ることができます。標準偏差とは，分散の平方根の値になります。分散の平方根はプラスとマイナスの両方の値がありますが，標準偏差はプラスの値の方になります。

　具体的に図4.3を使って，平均・分散アプローチの全体像を述べましょう。まず図4.3の縦軸と横軸に注目してください。縦軸には，リターンをとっています。リターンは期待収益率です。平均の概念です。期待収益率の特別の場合

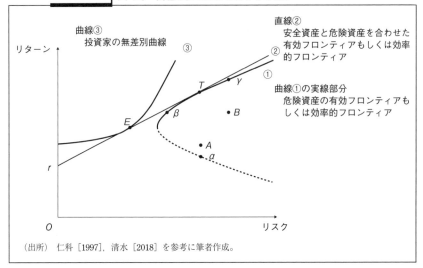

（出所）仁科［1997］，清水［2018］を参考に筆者作成。

が平均値に等しくなります。横軸には，リスクをとっています。リスクは標準偏差です。分散の概念です。平均からの距離が重要になります。平均・分散アプローチは，縦軸と横軸からわかるように，平均と分散から，資産選択理論を構築しています。

　次に，投資家の考え方というものを確認しましょう。資産選択理論では，経済的に合理的な投資家を想定します。すなわち，同じリターンの場合，最もリスクの小さい場合を選択するということです。すなわち，最も標準偏差の値が小さい場合を選択するということです。この考えは当たり前に思うかもしれませんが，図4.3の内容を理解するうえで重要なものであることを，記憶のどこかに置いておいてください。それでは，順次，図4.3の内容を説明していきましょう。

危険資産の組み合わせ

　図4.3のなかに曲線①があります。曲線①は実線部分から破線部分から構成されています。投資家は，曲線①の実線部分と破線部分の範囲において，危険資産の組み合わせを選択することが可能です（このような曲線を描くことのできる理由については，別の本で学習してください。簡単に説明すれば，証券間の収益率の相関

が関係しています。章末の参考文献に紹介しておきます）。結論を先に示せば，曲線①の実線部分は，合理的な投資家が危険資産のなかからどのような組み合わせの資産を選択するのかを示しています。ここではおもに実線部分の説明をします（説明の都合により破線部分も描いています）。曲線①の実線部分のことを有効フロンティアもしくは効率的フロンティアといいます。なぜ，危険資産の合理的な組み合わせは，この曲線上に位置するのでしょうか。たとえば図には，AとBという点を打っています。投資家はこの各点を選択することもできます。それは自由なことです。しかし，さきほど述べた，経済的に合理的な投資家を考えるという前提が重要な意味を持ちます。もし投資家がBの組み合わせを選択した場合，この投資家は，効率的な資産選択を行っていないことになります。なぜならば，たとえば図のβを選択すれば，Bに比較して，リスクを小さくしてかつ同じリターンを得ることができるからです。同様に，図のγを選択すれば，リスクは同じでも高いリターンを得ることができます。これらが，曲線①の実線部分が有効フロンティアもしくは効率的フロンティアといわれる理由です。一般には，曲線①の実線部分は，同じリスクのなかでは最も高いリターンを得ることができます。同様に，曲線①の実線部分は，同じリターンのなかでは最も小さいリスクをとることになります。追加的に曲線①の破線部分はどのように理解すればよいでしょうか。投資家がaを選択した場合，aよりも効率的な組み合わせが存在します。たとえば，Aを考えてみましょう。Aでは，aに比較して，同じリスクにもかかわらず，リターンは高くなっています。要するに，投資家にとって，aを選択することは合理的ではありません。したがって，曲線①の破線部分は有効フロンティアもしくは効率的フロンティアではありません。

▍安全資産と危険資産の組み合わせ ▍

さらに，安全資産の導入について考えていきましょう。安全資産を導入することで，安全資産と危険資産との効率的な組み合わせを考えることができます。安全資産として銀行の預金を考えましょう。いま，リスクをゼロとします。そうすると，安全資産のリターンとリスクは図4.3の点rに位置します。なぜならば，リスクがゼロの点は，縦軸との切片以外には存在しないからです。なお，

安全資産は危険資産よりもリターンが低くなるため，点 r の縦軸での位置は合理的な危険資産の組み合わせの点よりも低くなります。さきほどの危険資産との関係を考慮すれば，安全資産と危険資産との組み合わせは，直線②で表すことができます。というのは，安全資産との組み合わせを前提にした場合，安全資産の位置する点 r から有効フロンティアもしくは効率的フロンティアに引いた直線②というものは，曲線①の実線部分の接線になることが知られているからです。曲線①の実線部分と直線②の接点を T としましょう。

　投資家は直線②のどこかの点を選択して，資産運用を行うことになります。どの点の選択も可能です。では，投資家は，どの点を選択するのでしょうか。ここで，無差別曲線が必要になります。

　最後に投資家の無差別曲線を導入します。曲線③は，投資家の無差別曲線を表しています。無差別曲線とは，投資家の選好もしくは満足の程度を曲線で表現したものです。また，無差別曲線というは，投資家の経済的な合理性を想定しているので，リスクとリターンの関係の内容を含んでいます。曲線③では，リスクが高くなるにつれて，リターンが大きくなっていることがわかります。そして，結局のところ，投資家は，さきほどの直線②と無差別曲線③との接点 E において，資産の組み合わせを選択することになります。

　どうでしょうか。資産運用についての理論を理解できたでしょうか。少し難しい内容かもしれませんね。本章末に資産選択理論を学ぶうえでの参考文献を紹介しておきます。基本的には，どの本でも図4.3と同様なものが示されています。

▌金融教育▐

　ここで，若干，**金融教育**について述べておきましょう。最近，金融リテラシーという言葉をよく聞くようになりました。当初は，アメリカとイギリスにおいて，金融教育が盛んであることを引き合いに，日本での金融教育の必要性が主張されていたように思います。現在では，政策の進展も追い風となり，さまざまな観点から，日本においても金融教育の重要性が認識されてきているように感じます。金融庁や日本証券業協会等のウェブサイトにおいて，金融教育に関する資料が掲載されています。それらのおもな内容は，預金や保険，投資

信託の説明に加えて，株式と債券の話が説明されています（金融庁「基礎から学べる金融ガイド」）。分散投資の重要性についても紹介されています。またクレジットカード等の利用についても，使いすぎ等の注意点も含めて，説明されています。

4 銀行貸出との比較からみた証券市場の規模等

　第3章で学習したように，日本は間接金融が中心です。しかしながら，証券も発展しています。証券は銀行との比較において，どの程度に進展しているのでしょうか。図4.4は，民間非金融法人企業発行の証券，中央政府発行の証券，そして銀行の貸出残高の推移をみたものです。中央政府発行の証券と民間非金融法人企業発行の証券を比較すると，直近（2021年時点）ではそれぞれの金額はほぼ同等になっています。中央政府発行の証券は一貫して増大傾向にあります。一方，民間非金融法人企業発行の証券は，大きく変動しながら，増大しています。さらに，銀行貸出残高の数値との対比では，2000年代前半を境に，銀行貸出よりも証券発行の方が多くなっているようにみえます。

　さらに，証券の進展の姿をみましょう。まず，金融機関の資産規模から，証券の進展を概観してみましょう。図4.5は，金融機関の資産規模について，国内銀行と機関投資家（投資信託会社，保険会社，年金基金）との規模の違いをみようとするものです。証券の進展を便宜的にみたものですが，それでも，既発行証券を保有する機関投資家の規模の大きさを確認できます。これらのことは，証券の重要性を間接的に示唆しています。

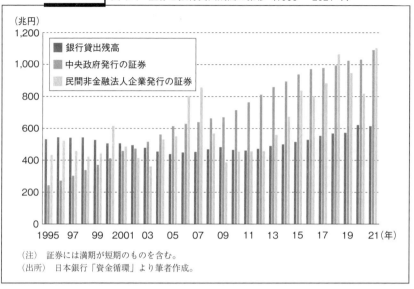

CHART 図 4.4　証券と銀行貸出残高の推移（1995 ～ 2021 年）

（注）　証券には満期が短期のものを含む。
（出所）　日本銀行「資金循環」より筆者作成。

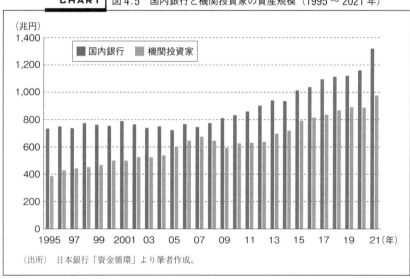

CHART 図 4.5　国内銀行と機関投資家の資産規模（1995 ～ 2021 年）

（出所）　日本銀行「資金循環」より筆者作成。

Column ❹　各国の金融市場の構造は同じだろうか

　第**3**章と第**4**章では，銀行と証券の内容を学ぶ構成になっています。言い方を変えれば，間接金融と直接金融について考えることになります。ここでは，金融グローバリゼーションが大きく進展するなかで，各国の金融市場は，どのような構造になっているのか，アメリカ，イギリス，日本，フランス，ドイツについてみていきましょう。図4.6は，アメリカ，イギリス，日本，フランス，ドイツの金融市場の構造について，間接金融もしくは直接金融のどちらの比重に重きが置かれているかを示しています。結論としては，アメリカ，イギリス，日本，フランス，ドイツの順に証券の割合が高くなります。日本は間接金融に重きを置いています。しかしながら，5カ国のなかでの日本の相対的な位置づけとしては，銀行と証券の両方がある中間型になります。フランスそしてドイツの方が日本よりも銀行の役割が大きいことになります。

　アメリカは，世界最大規模の金融資本市場を持っており，歴史的に資本市場を重視した金融システムが構築されています。商業銀行（シティグループ，JPモルガン・チェース，バンク・オブ・アメリカ等）や投資銀行（ゴールドマン・サックス，モルガン・スタンレー等）では，先駆的な金融技術がこれまでに多く開発されてきました。このような背景には，基軸通貨ドルの存在があると考えられます。

　イギリスの金融市場の特徴は，ユーロダラーの取引が活発であることです。これに関連して，ロンドンの外国為替市場の取引量は世界最大です。ニューヨークの取引の約2倍の取引が行われています。地理的な時差の問題と，英語を共通語としているアメリカの金融機関がロンドンに進出して取引しているためです。ロンドンの金融資本市場はアメリカに似ていて，証券市場を中心とした金融システムが構築されています。

　日本の金融市場の特徴は銀行に大きな役割があることです。5カ国の相対的な

図4.6　アメリカ，イギリス，日本，フランス，ドイツの
　　　　金融システムの特徴

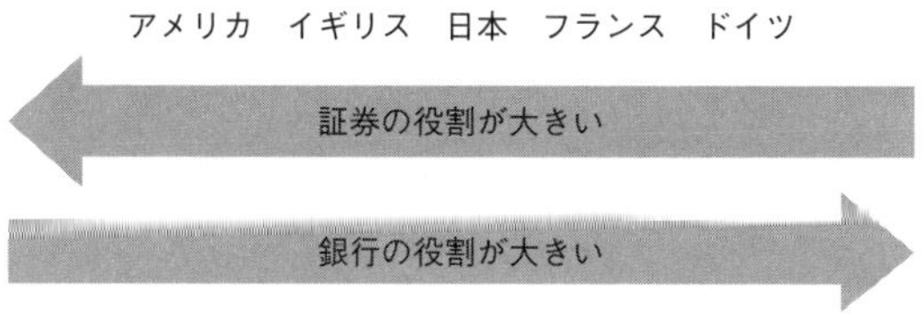

アメリカ　イギリス　日本　フランス　ドイツ

証券の役割が大きい

銀行の役割が大きい

（出所）　Allen and Gale［2000］p.4 より筆者作成。

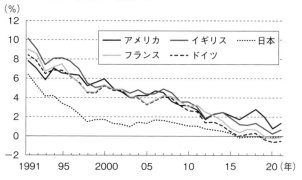

図4.7 アメリカ，イギリス，日本，フランス，ドイツの長期金利
の推移（1991 ~ 2021 年）

（注）　長期金利は 10 年。計算は OECD による。上川・藤田・向編［1999］
の 302 頁の図を参考にした。
（出所）　OECD, Data, Long-term interest rates より筆者作成。

位置づけでは中間に位置しています。証券市場の整備も行われていますが，な
によりも多くの家計は金融資産として預金を保有しています（アメリカでは多
くの家計が金融資産として有価証券を保有しています）。

　最後に，フランスとドイツについて概観しましょう。フランスとドイツは，
日本よりも銀行に多くの役割があります。フランスでは公的な金融の役割が大
きいです。またフランスには，日本と同様な郵便貯金のような制度があります。
ドイツは，5 カ国のなかで一番，銀行に役割があることになります。ドイツでは，
日本のメインバンクに相当するものとして，ハウスバンクというものがありま
す。ハウスバンクは企業に対する銀行貸出だけでなく，証券発行にも関わって
います。ドイツの金融機関はユニバーサルバンクとも呼ばれます。

　このように，金融グローバリゼーションが大きく進展するなかでも，各国の
金融市場の構造は異なっています。今回は取り上げることはできませんでした
が，発展途上国の金融市場の構造はさらに異なっています。参考までに，図 4.7
は，アメリカ，イギリス，日本，フランス，ドイツの長期金利（OECD〔経済協
力開発機構〕計算による 10 年物国債の利回り）の推移を示したものです。図 4.7
から，各国の長期金利は，関連しながら推移していることがうかがわれます。
つまり，金融グローバリゼーションのなかにおいて，各国の金融市場の構造に
は違いが存在するものの，互いに影響を受けながら，金融市場は成り立ってお
り，また変化しているのです。

■ 日本は伝統的に間接金融が中心ですが，近年では直接金融の役割が大きくなって
います。
■ 銀行貸出残高と証券発行との比較では，証券発行の方が大きくなっています。
■ 国内銀行と機関投資家の資産規模での比較では国内銀行の方が大きくなっていま
すが，機関投資家のそれは国内銀行にかなり接近しています。

NEXT

　本章では，証券全体について概観しました。ところで，企業はどのように証券
市場で資金を調達しているのでしょうか。次章において，企業の証券市場での資
金調達の詳細を学習しましょう。加えて，企業の資金調達の理論についても，
しっかりと学習しましょう。

EXERCISE

□ 1　証券会社のおもな 4 つの業務は，どのようなものでしょうか。
□ 2　機関投資家とは，どのような金融機関でしょうか。機関投資家のうち，最も
資産規模が大きい金融機関は，何でしょうか。また，その理由は，どのよう
なものでしょうか。
□ 3　日本の国債について，財務省「債務管理レポート」を参考にして，自分なり
に内容を整理してみましょう。
□ 4　債券価格と株式価格について，別の参考図書を利用しながら，内容を深く学
びましょう。公式を暗記するだけでなく，基本的な考え方を身に付けましょ
う。

読んでみよう　|　　　　　　　　　　　　　　　　　　　　　Bookguide ●

財務省理財局「債務管理レポート（各年版）」財務省
　→日本の国債の内容を詳細に知ることができます。財務省のウェブサイトか
　　ら無料でダウンロードできます。ぜひ，入手しましょう。
清水克俊［2018］『金融経済学入門』東京大学出版会

→債券価格や株式価格等の計算について，基本的な考え方が丁寧に説明されています。

日本証券経済研究所編『図説 日本の証券市場（各年版）』財団法人日本証券経済研究所

→日本の証券市場について，制度の側面から記載されています。全体を把握したい場合に有効です。

第 **5** 章

経済をめぐるお金

企業や家計の金融取引

金融取引は，お金の調達だけではない。お金の運用も重要な時代に

KEY WORDS

- ☐ 自己資本金融
- ☐ 負債金融
- ☐ 企業金融
- ☐ 資本コスト
- ☐ 期待収益率

- ☐ 将来キャッシュフロー
- ☐ ライフサイクル仮説
- ☐ 個人金融
- ☐ ディスインターミディエーション
- ☐ リスクマネー

2022年11月，日本政府は資産所得倍増プランを公表しました。企業が持つ現金・預金を重要分野への投資につなげ成長を後押しするとともに，家計が持つ現金・預金を投資につなげ，家計の勤労所得に加え金融資産所得も増やしていくという方針が示されました。22年12月末時点における日本の企業部門の現金・預金残高は321兆円，家計部門の現金・預金残高は1116兆円に上ります。これら企業および家計が持つ現金・預金を投資に結びつけようというものです。

資産所得倍増と聞いても，あまり実感がわかない人も多いと思います。ここでいう資産所得とは，金融資産から生み出される所得を想定しています。金融資産にも稼いでもらおうというわけです。日本においては，これまでも貯蓄を投資につなげる取り組みがなされてきました。資産所得倍増プランでは，家計が持つ現金・預金を投資につなげることで，持続的な企業価値向上の恩恵が資産所得の拡大という形で家計にも及ぶことを想定しています。成長と資産所得拡大の好循環を生み出すことをめざしています。

お金の流れが良くなり，経済活動が活発になれば景気が上向くと考えられています。本章では，企業と家計の金融取引について考察します。現代の経済および金融について，経済主体の金融取引から迫っていきましょう。

1 企業の金融取引

■ **企業の資金調達** ▮

まず企業の金融取引についてみていきましょう。企業が企業活動を行う際には，お金が必要となります。企業が生産のための原材料を調達する場合や，従業員へ給与を支払う場合には，そのための運転資金が必要です。また企業が工場を新設する場合などは，その設備を作るための設備資金が必要となります。運転資金は，企業の日々の活動のなかで必要とされる資金であるのに対して，

設備資金は，回収に時間がかかることから長期的で固定的な資金です。企業は，このように性質の異なる資金を，資金調達の継続性やコストをみながら調達しています。

自己資本金融と負債金融

　企業の資金調達は，企業が必要とする資金の源泉を企業内部に求めるか，企業外部に求めるかによって分けられます。企業内部での資金調達を内部金融，企業外部からの資金調達を外部金融といいます。また内部金融で調達した資金を内部資金，外部金融で調達した資金を外部資金といいます。内部資金とは，文字どおり企業の内部にある資金であり，具体的には利益のうち社内に留保される部分（内部留保）と減価償却です。これに対し外部資金とは，株式の発行，社債の発行，金融機関からの借入，コマーシャル・ペーパー（CP）の発行などによって調達した資金です。金融機関との取引が発生するのは，企業が外部資金を調達する場合となります。

　また企業の資金調達は，その調達資金が貸借対照表上の自己資本として計上されるか，負債として計上されるかによっても分けられます。上記の外部資金のうち自己資本として計上されるのは株式発行による資金調達です。株式発行による資金は，返済の必要のない自己資本としての資金調達であるため，内部留保とあわせて**自己資本金融**と呼ばれます。外部資金のうち株式の発行以外，すなわち社債の発行，金融機関からの借入，CP の発行などによる資金調達は，返済が必要な負債の形での資金調達であるため**負債金融**と呼ばれます。企業が自己資本金融と負債金融をどのように組み合わせて資金調達を行うかによって，企業の資本構成が変わってきます。企業の資本構成については，次節で説明します。

自己資本金融の拡大

　それでは企業は，どのような調達手段を組み合わせて資金調達を行っているのでしょうか。具体的に日本企業の資金調達手段として，純資産，金融機関借入，その他の借入，社債，企業間信用，その他負債に分けてみてみましょう（図5.1）。この資金調達の分け方でいくと，純資産が自己資本金融に，それ以

CHART 図5.1 日本企業の資金調達手段の推移（1972〜2020年度）

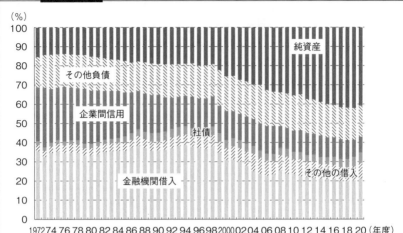

（注） 金融業，保険業を除く全産業を対象としている。負債および純資産合計に対する比率。企業間信用は，支払手形と買掛金の合計。その他負債は，引当金，特別法上の準備金，その他（リースを含む）の合計。

（出所） 財務省『法人企業統計年報特集』（昭和47年度〜令和2年度）より筆者作成。

外が負債金融に相当します。日本企業の資金調達手段の変化から指摘できるのは，以下のような点です。

　第1は，純資産の構成比が上昇しており，自己資本金融による資金調達が拡大していることです。これは日本経済の発展段階が影響しています。戦後の日本において，1955年から70年代初めの高度経済成長期には，産業化が推し進められ，企業は恒常的な資金不足状態にありました。同時に，金利水準が低位に維持されており，企業の旺盛な設備資金は，低金利政策にも支えられました。しかし70年代には，71年のニクソン・ショックや二度にわたる石油ショックなどもあり，高度経済成長期は終わり，企業の投資意欲は減退していきました。80年代後半における好景気時には，株式発行による資金調達が増加する時期もありましたが，経済成長率の低下に伴い，自己資本金融のなかでも企業の内部留保による資金調達の構成比が上昇してきました。純資産の構成比は，2015年度以降，40％超にまで上昇しています。

金融機関借入の構成比低下

第2は，金融機関借入の構成比が低下していることです。日本企業全体でみると，金融機関借入の減少は，1990年代後半以降，顕著にみられます。これは経済成長率の低下や企業の投資意欲の減退といった要因に加え，銀行を中心とした金融機関の貸出姿勢が影響しています。70年代まで銀行は，規制金利のもとで，低利の預金を集めることができたため，預金および貸出金の拡大が，そのまま利益の拡大につながりました。その後，79年5月の譲渡性預金（CD）創設や85年の市場金利連動型預金（MMC）導入に伴う預金金利自由化により，銀行の預金による調達コストは上昇していきました。そのような環境のなかで銀行は，量も大きく貸出金利も比較的高い不動産関連の資金需要拡大にあわせて，不動産関連の貸出に傾斜していったのです。信用リスクに対応する金利を上乗せするのではなく，不動産担保への依存を高めることにより信用を補完しようとしました。このような銀行の行動は，90年代の不良債権問題として経営に大きくのしかかっていきます。89年5月以降の金融引き締めや，90年3月に大蔵省（当時）の銀行局長通達で出された不動産関連貸出に関する総量規制を受けて，土地などの資産価格が下落しました。こうして不良債権を多く抱えた銀行は，貸出を絞っていきました。結果的に，97年11月には北海道拓殖銀行が破綻し，98年には日本長期信用銀行と日本債券信用銀行の特別公的管理決定，2003年6月にはりそな銀行に対する公的資金注入が行われるなど，大手銀行の経営が次々と実質的に破綻しました。長きにわたり不良債権を抱えた銀行の経営が，企業の金融機関借入の減少に影響を与えたのです。これは，企業が自己資本金融による資金調達を進めたこととも関係しています。

第3は，金融機関借入への依存が，大企業よりも中小企業の方が高い傾向にあることです。大企業は，経済成長率が低下するなか，純資産を積み上げていきました。それと同時に1980年代に入り，大企業を中心に銀行離れが進んでいったのです。自己資本比率を高めた大企業は，自らの信用力をもとに直接金融市場で資金調達を行うようになりました。大企業の銀行離れを受けた銀行は，貸出の対象を中小企業や住宅ローンを中心とする個人に移していきます。中小企業向け貸出における銀行間の競争は激しさを増していきました。その結果，

中小企業における低い自己資本比率と高い金融機関借入比率といったオーバーボローイング（借入過多）の状態は90年代まで続きました。資本市場のアクセスが容易ではない中小企業は，資金不足の解消を進めることができました。しかしその後，銀行による貸出姿勢の変化の影響を最も受けたのも，中小企業でした。90年代後半には，不良債権を抱えた銀行の貸出姿勢が厳しくなり，本来ならばその資格がある企業までが貸出を受けられない状況に陥りました。このような銀行の貸出姿勢は，貸し渋りと呼ばれ，とくに銀行借入への依存度が高い中小・零細企業で問題となりました。そのため90年代後半に公的資金が注入された銀行に対して，中小企業向け貸出目標の設定を義務づけるような施策がとられました。

社債発行と企業間信用

　第4は，社債発行による資金調達が少ないことです。とくにアメリカと比較すると，一部の大企業を除いて日本で社債を利用する企業は少ない状況にあります。社債を発行する企業は，一般的に格付機関から格付けを取得します。日本では元利金支払いの確実性が高い投資適格債の発行がほとんどですが，アメリカではそれよりも低い格付けの社債発行も盛んです。低格付けの社債は，リスクを反映して利回りが高くなることからハイイールド債（またはジャンク債）と呼ばれます。日本では，戦後長らく企業の自由な社債発行が制限されてきました。その後1979年には，無担保社債の発行に際して，財務制限条項とならんで，企業が社債を発行する際の適債基準が設定されました。適債基準として，当初は自己資本比率などの数値基準が設けられていましたが，87年以降，格付機関から一定以上の格付けを取得すれば社債発行が可能となる格付基準が併用され，90年からは格付基準に一本化されました。96年には適債基準そのものが撤廃されています。現代では，社債の発行企業を制限するのではなく，発行企業の情報開示を進めることが市場を活性化し，投資家保護につながるという認識が広がっています。

　第5は，企業間信用の存在です。企業間信用は，その構成比は低下していますが，一定規模の利用が続いています。企業間信用とは，商品等の取引において売り手企業が買い手企業に代金支払いの繰り延べを与えることにより生じる

信用です。企業間信用は，売り手企業からみれば信用の供与であり，資金運用手段の1つでもあります。一方，買い手企業からみると，代金支払いを繰り延べてもらう間，信用供与を受けており資金調達手段の1つです。企業間信用は，企業全体として商品等の販売を促進し，生産活動を活発にする役割を果たしています。

┃ 企業の資金運用 ┃

　企業は，資金調達だけでなく資金運用も行っています。日本の部門別資金過不足の推移をみると，企業部門が1990年代後半からは恒常的に資金余剰となっています（➡第1章）。現代において企業部門は，資金余剰主体なのです。

　高度経済成長期において日本企業は，旺盛な資金需要の多くを金融機関借入に依存していました。企業は，たとえ低利回りであっても，借入条件を有利にするため，資金の一部を銀行預金として保有していました。しかし，経済成長率の低下に伴い，企業は本業での収益率低下を補うため，余裕資金を効率的に運用しようと考えました。大企業は内部留保と同時に株式発行を進めて自己資本を増やしながら，市場金利に連動して利回りが変動するような金融商品への投資を積極化させていきました。1980年代後半には，特定金銭信託などの金融商品への投資や，CP発行による調達資金を大口預金で運用するなどのいわゆる財テクが活発化しました。このような企業の金融取引は，後に損失につながり，経営破綻する企業さえ現れました。

　現代における企業の資金運用は，大きく転換しています。大企業を中心として豊富な資金を抱える企業が多く出現しています。企業は，資金調達のみならず資金運用を積極的に行う必要が生じているのです。その背景には，株主重視の経営があります。企業は株式会社である場合，株主が投資した資金をもとに事業活動を行い，利益の一部を配当として株主に還元しています。株主が企業に投資をするのは，その企業が，株主自らではできないような付加価値を生み出し，社会に貢献しているからです。前述のような預金や金融商品への投資は，株主自身でも可能であり，企業が行う必要はありません。したがって企業は，株主価値の向上を図るための有効な資金運用を行う必要があります。それは，余裕資金を増配や自社株買いなど株主還元に当てるというだけに留まるもので

はありません。企業の資金運用には，たとえば合併や買収など将来成長するための投資も含まれます。企業が成長していくためには，資金をどの分野に振り向けていくか，同時に事業統合や撤退によりどの分野に振り向けないかの経営判断が重要です。企業が資金余剰となるなかで，資金調達とあわせて企業の資金運用は，幅広くその意義が問われているのです。

┃ 企業金融の変化 ┃

　企業金融とは，企業が企業活動を行ううえで必要とする資金の調達や運用のことをいいます。これまでみてきたように企業の資金調達・運用は，時代とともに変化してきました。それに対応して，企業と金融機関との関わりも変化しています。企業金融については，中小企業と大企業とでは大きな違いがみられます。

　中小企業を対象とした中小企業金融は，企業の資金調達における役割が大きくなります。一般的に企業の資金調達は，企業の発展段階に応じて変化します。創業期の段階では，外部からの資金調達は困難であり，内部資金が中心となります。企業規模が拡大するにつれて，企業の事業内容や信用力等の情報が第三者に伝わりやすくなります。そうなると，企業間信用や金融機関からの借入が始まります。企業がさらに成長して，監査済みの財務諸表等を公表するなど信用度の高い情報開示ができるようになると，公開市場を通して，株式や債券の発行により資金調達を進めていくことができます。しかし，未上場である多くの中小企業は，公開市場を通した株式発行等による資金調達は困難です。また銀行借入においても，中小企業の借入金利は大企業に比べて割高になることが多く，金融逼迫時には資金調達が困難になる中小企業もあります。そのおもな理由として，中小企業金融において貸し手と借り手の間の情報の非対称性が相対的に大きいこと，金融機関が情報生産機能を果たす際に，貸出額が相対的に小さい中小企業向け貸出は審査・モニタリング等に要する単位当たりのコストが高くなることがあります。このため中小企業金融においては，信用保証など公的信用補完制度が存在しています。

　大企業を対象とした金融は，企業の資金調達のみならず資金運用においての役割もあります。ここで資金運用とは，前述のように，企業の合併や買収など

の投資戦略も含まれます。金融機関は，大企業との金融取引において証券業務を行っています。大企業向けの証券業務とは，たとえば企業がある事業を買収する際に，金融機関がその事業部門の価値を査定し，将来の成長戦略や妥当な買収価格をアドバイスします。同時に金融機関は，企業に買収資金調達の手法を提供します。金融機関は，企業の合併・買収に関するアドバイスを行った見返りに手数料をもらいます。さらに金融機関は，企業が資金調達を行う際に，金利や株式発行手数料などを得ます。このように証券業務では，企業の資金調達のみならず資金運用においてもアドバイス等を提供することにより手数料を得ています。現代において企業は資金余剰となっており，金融機関の貸出競争が激化しています。その結果，銀行の貸出利ざやも低下しており，金融機関は貸出以外の付加価値を提供することにより，手数料を得ようとしています。企業金融のなかでも大企業向けを中心にこのような金融業の変化がみられます。

POINT

■ 企業の資金調達は，自己資本金融と負債金融に分けられます。
■ 日本企業における資金調達手段は，自己資本金融が拡大し，金融機関借入の構成比が低下してきました。
■ 企業の資金運用の選別（どの分野に振り向け，どの分野に振り向けないか）が重要です。

2 企業の資本構成

資本コスト

負債と自己資本の合計を総資本といいます。総資本に占める負債と自己資本の割合が，企業の資本構成です。企業が資金調達を行う際，負債と自己資本の割合をどのようにするかは重要な問題です。なぜならば資本構成によって，資金の提供者に対して支払うコストが変わってくる可能性があるからです。企業が資金の提供者に対して支払うコストを**資本コスト**（cost of capital）といいます。資金の提供者は，企業に資金を提供する見返り，すなわち何らかのリターンを

期待します。資金の提供者が期待するリターンを**期待収益率**（expected rate of return）といいます。企業の資本コストは，資金の提供者からすると期待収益率となります。

┃ 負債と自己資本の資本コスト ┃

負債の資本コスト（cost of debt）は，企業の負債の金利です。それは銀行や社債権者の期待収益率となります。銀行借入の場合，それは借入時の金利，すなわち約定金利となります。社債発行の場合は，それは表面利率（債券の額面金額に対して毎年支払われる利子の割合）ではなく，利回りとなります（➡第 **4** 章）。利回りとは，通常，最終利回りを意味し，投資家が最終償還期限まで債券を保有した場合の年利子と 1 年当たりの償還差益（損）の合計額の投資元本に対する割合をいいます。社債は日々，市場で取引されており，市場価格に応じて利回りが変動します。社債の市場価格は，企業の信用力が反映されています。

自己資本の資本コスト（cost of equity）は，株式の資本コストです。それは株主の期待収益率となります。株主の期待収益率は，リスク・フリー・レートにリスク・プレミアムを上乗せします。リスク・フリー・レートとは，リスクのない資産（安全資産）に対する投資収益率のことです。リスクが大きいほどリスク・プレミアムは高くなることから，リスクに応じて株主の期待収益率は変動します。したがってリスクの特性によって，株式の資本コストは変わってきます。株式の資本コストの推計方法としては，配当割引モデル（dividend discount model: DDM）や資本資産価格モデル（capital asset pricing model: CAPM）などがあります。

┃ MM 理論 ┃

企業の資本コストは，負債の資本コストと自己資本の資本コストを資本構成でウエイトづけて加重平均した値となります。この加重平均した資本コストを，英語では weighted average cost of capital，略して WACC（ワック）といいます。

企業の資本コストが，負債の資本コストと自己資本の資本コストの加重平均によって決定されるのであれば，次のような疑問がわいてきます。たとえば，銀行からの借入金利が株式の資本コストよりも低いと考えられる時，負債調達

の比重を上げることで加重平均した資本コストを下げられるのではないか。この疑問に基本的な考え方を示したのが，F. モジリアーニと M. ミラーです。モジリアーニとミラーは，完全な資本市場のもとでは，企業による資本構成の変更は，資本コストに影響を与えないことを論証しました。この理論を，2人の頭文字をとって MM 理論といいます。MM 理論では，負債の時価総額と株式の時価総額の合計としての企業価値の大きさは，企業の資本構成により影響されないと主張されました。その理由は，負債依存度が高まると1株式当たりで負担するリスクが増大し，株主の期待収益率が上昇すると考えられるためです。また負債依存度が高まると，デフォルト（債務不履行）のリスクも高まるため，負債の資本コストが上昇すると考えられます。完全な資本市場のもとでは，これらの効果が相殺しあって加重平均した資本コストは不変に留まるといいます。MM 理論で仮定した完全な資本市場とは，①完全競争が行われており，投資家がいつでもより有利な市場へ資産を移動できる，②どの投資家も必要な情報を入手でき，同じ情報を共有している，③取引費用や税金など自由な取引を阻害する要素がない，というものです。

　しかし，企業の資本構成が資本コストに影響を与えないとすれば，企業はなぜさまざまな資金調達手段を組み合わせながら調達するのでしょうか。それは，現実には前述のような完全な資本市場が存在していないからです。市場取引を行うに際しては，税金やさまざまな制度的な制約が存在しています。また企業が行っている投資が，将来どのようなキャッシュフローを生むのか，投資家はよくわからないという情報の非対称性も存在しえます。キャッシュフローとは，資金の流れを意味し，キャッシュ（現金）の出入りを示しています。情報の非対称性により，銀行よりも株主などの投資家がより限られた情報しか持たない場合，投資家の判断に影響を与え，企業の資本コストや企業価値そのものに影響を与えることが考えられます。

┃将来キャッシュフローの現在価値┃

　それでは現実の経済社会において，企業はどのようにして最適な資本構成を見出していけばよいのでしょうか。企業が最適な資本構成を見出そうとするのは，最適な資本コストを実現するためです。資本コストは，前述のように資金

の提供者である銀行や社債権者，株主の期待収益率です。彼らの期待収益率は，企業の事業活動に伴うビジネスリスクによって変動します。したがって，資本コストは企業の所有する資産から生み出されるキャッシュフローとの対比で捉えるのが有効です。資産が生み出すキャッシュフローの現在価値は，将来にわたるキャッシュフロー（将来キャッシュフロー）を資本コストで割り引いた値になります。

総資産利益率と自己資本利益率

　資本コストを，企業の所有する資産から生み出される利益との対比で捉える方法もあります。総資産利益率（return on asset: ROA）は，利益を総資産で割って算出されます。総資産は，負債と自己資本の合計と同じですので，総資産利益率と加重平均した資本コストを対比させると，企業が資金提供者の期待収益率を上回る収益を上げているかをみることができます。

　また自己資本利益率（return on equity: ROE）を高めることを目標にして，企業の資本構成を決定する方法もあります。この自己資本利益率は，以下のように分解されます。

　　自己資本利益率＝総資産利益率×負債のレバレッジ
　　（利益／自己資本）（利益／総資産）（総資産／自己資本）

　負債のレバレッジとは，自己資本に対する総資産の比率です。総資産は負債と自己資本の合計と同じですので，自己資本を一定として負債を増やせば，負債のレバレッジを高めることができます。総資産利益率がプラスであれば，負債レバレッジが高いほど負債が梃子の効果を発揮して自己資本利益率を上げることができます。ただし，負債の増加は，負債の支払負担を増加させると同時に，企業の財務状況を悪化させることにもつながります。この結果，負債の金利が上昇し総資産利益率を低下させる場合もあります。この自己資本利益率は，自己資本を使ってどれくらい利益を生み出しているかをみる指標です。自己資本を提供しているのはおもに株主ですので，自己資本利益率と自己資本の資本コストを対比させると，企業が株主の期待収益率を上回る収益を上げているかをみることができます。自己資本利益率が自己資本の資本コストを上回ってい

なければ，その企業は株主が投資した資金を使って価値創造をしていないということになります。自己資本利益率を高めるためには，分母となる自己資本を抑制するか，分子である利益を増やせばよいのです。近年，余裕資金を抱える企業は，増配や自社株買いなど株主還元を積極的に行い，自己資本の増加を抑制しています。株主還元策の強化は，株主にとって短期的には恩恵が大きいですが，長期的には企業が自己資本を有効活用しながらリスクをとり，高い収益を上げることが求められます。企業が高い収益を上げるためには，将来成長する分野へ投資を進めるという企業の資金運用が重要です。現代において，企業が資金余剰となるなかで，資本効率を重視した経営が求められているのです。自己資本利益率は，最適な資本構成を考えながら，株主価値を最大化させるための指標として注目されます。

■ 企業が資金の提供者に対して支払うコストを，資本コストといいます。
■ 資金の提供者が期待するリターンを，期待収益率といいます。
■ キャッシュフローの現在価値は，将来にわたるキャッシュフローを資本コストで割り引いた値です。

3　家計・個人の金融取引

個人の消費と貯蓄

　個人は，所得の一部を消費し，その残りを貯蓄しています。現在の貯蓄は将来の消費に備えられます。したがって，消費と貯蓄は異時点間の資源配分の問題です（➡第1章）。個人は，今年の所得だけを基準に消費を行うのではなく，将来の予想所得や各自の人生設計に基づいて消費と貯蓄を行っています。その際，個人の時間に対する好みや考え方，すなわち時間選好が重要です。たとえば，老後に備え貯蓄を増やし将来的な消費を重視する人もいれば，若い時に借金をしてでも現在の消費を重視する人もいます。現在の消費を増やすとそれだけ現在の効用，すなわち満足度は向上しますが，将来の消費に備えた貯蓄は小

3　家計・個人の金融取引　● 101

さくなり将来の効用は小さくなります。このように生涯所得を予想しながら現在と将来の消費行動を決定し，それに合わせて貯蓄行動も決定するという消費・貯蓄の決定に関する理論を**ライフサイクル仮説**と呼びます。

　個人が消費を行う際，安定的に十分な所得があれば問題は生じません。しかし，消費を行うに際し，所得では不足し借入に依存する場合，実際に借入を行うことは容易ではありません。これは，個人に対して貸出を行うにはリスクが伴うからです。金融機関は，個人から十分な物的担保をとることは実質的に難しく，返済を将来所得に依存せざるをえなくなります。しかし，将来所得を完全に予想することは不可能です。このため，個人による借入は制約を受けることになります。これを流動性制約といいます。仮に個人が，貯蓄もなく借入がまったくできない状態では，特定の期間における所得がその期間における消費の上限となります。このような流動性制約がある場合は，現在の消費は現在所得のみの関数となります。これは**ケインズ型消費関数**と呼ばれます。

　個人は生涯を通じて自らの効用を最大化するよう行動しますが，それは流動性制約に縛られないような金融市場が発達していてはじめて可能となります。個人は，流動性制約がある場合は，流動性制約がない場合に比べて低い効用で満足しなければなりません。多くの先進国では，個人にとって借入ができるような金融市場が発達しています。このような金融市場の発達は，個人の異時点間の消費選択を可能にし，効用の最大化に貢献しているのです。

▎アメリカにおける家計の金融行動 ▎

　現代において家計の行動は，金融市場に大きな影響を与えています。ここでは，家計部門の行動変化が著しいアメリカの事例をみてみましょう。アメリカにおいて家計部門は，1990年代半ばまで資金余剰主体でした。この資金過不足の状態は，日本も含めた先進国に共通してみられた現象です。しかし，アメリカの家計部門は，90年代後半と2000年代前半に，資金不足主体となっています（図5.2）。08年の金融危機後は，金融機関による貸出の縮小と家計の債務返済が進み，家計部門は再び資金余剰主体となりました。アメリカにおける家計部門の資金過不足の推移をみると，とくに90年代以降に大きく変化しています。

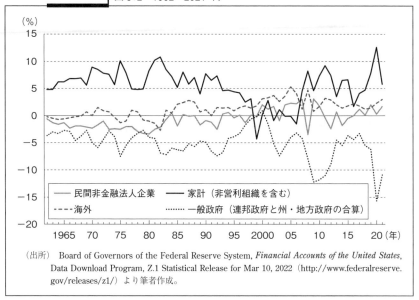

CHART 図5.2

アメリカの部門別資金過不足推移（対名目 GDP 比，1962〜2021 年）

（出所） Board of Governors of the Federal Reserve System, *Financial Accounts of the United States*, Data Download Program, Z.1 Statistical Release for Mar 10, 2022（http://www.federalreserve. gov/releases/z1/）より筆者作成。

　それでは，アメリカにおける家計の資金調達についてみてみましょう。家計の資金調達のおもなものは，消費者信用と住宅ローンです。消費者信用は，20世紀初頭のアメリカで発生しました。消費者信用発生の契機は，大量生産・大量消費の動きが本格化し，自動車などの耐久消費財が普及していったことでした。その後，1950 年にはクレジットカードが登場しました。戦後のアメリカにおいて消費者信用は，クレジットカードの出現により，急速に普及していきました。

　また戦後アメリカにおける個人の生活水準の向上は，住宅を保有することにより実現されました。アメリカの新規住宅着工件数は，1970 年代以降，高水準で推移しました。この頃から，住宅着工件数は，自動車販売台数と並び重要な景気動向指数として注目されるようになりました。アメリカ経済において資金調達者としての家計部門の重要性が高まってきたのは，住宅着工件数や自動車販売台数の伸びが，住宅投資や消費支出のみならず，それを通した生産活動にまで影響をもたらすようになったからです。そのような動きは 20 世紀初頭のアメリカにおいてすでにみられていましたが，一般家計・個人を巻き込む形

Column ❺ 個人金融の台頭

　アメリカにおいて，家計・個人の金融取引の拡大は，金融機関の経営に変化をもたらしました。金融機関は，1取引当たりは少額ですが全体でみると大きな資金となる家計との金融取引に対応していく必要が出てきたのです。家計の資金調達においては，住宅ローンと消費者信用が増えるに伴い，金融機関は個人向け貸出を拡大させていきました。家計による住宅投資のための借入返済は長期にわたることから，金融機関としては家計との長期的な取引を確保することができます。多くの銀行は，取引金額も大きく住宅担保も設定される住宅ローンへの取り組みを積極化していきました。アメリカで銀行の貸出残高のうち商工業貸出の構成比は，1950年代まで40％前後でしたが，2000年代には20％程度にまで低下しています。一方，住宅ローンと消費者信用を合計した貸出構成比は，90年代以降は40％超にまで高まりました。いまやアメリカの銀行にとって，最大の貸出先は企業ではなく家計なのです。

　家計の資金運用において，金融機関は家計部門の要請に応じた新しい金融商品・サービスの開発および提供を行っていきました。アメリカの家計部門における資金運用の内訳では，ミューチュアル・ファンドやMMF（money market fund）といった投資信託の残高が急速に拡大し，2021年でも現金・預金を上回っています。アメリカ家計部門の資金は，有利な運用先を求めて投資信託をはじめとする多様な金融商品に向かっていったのです。背景には，高齢化の進展，家計の金融ニーズの高度化・多様化，金利規制の緩和，金融商品の取引および情報収集のためのコストの低減，投資商品の増大と個人投資家の台頭などがありました。また401(K)プランに代表されるような確定拠出型年金の拡大と，株式市場の好調なパフォーマンスなども重要な要素でした。このように金融機関は，資産と負債両面において金融取引を活発化させていった個人を対象として**個人金融**を広げていったのです。現代のアメリカ大手金融機関において，個人金融は大きな収益源となっています。

でより大規模にみられたのは，70年代に入ってからです。しかも家計部門の住宅投資や消費支出は，住宅ローンや消費者信用に依存する傾向にありました。アメリカ家計部門の負債残高推移をみると，70年代以降，住宅ローンと消費者信用が大幅に増加しています。

続いて，アメリカにおける家計の資金運用についてみてみます。家計の資金運用に影響を与える要因として，物価水準の動向があります。アメリカにおいては，70年代半ばと80年代初頭には前年比10％を超える急激なインフレーション（物価が継続して上昇する状態）が起こりました。急激なインフレーションは，資金を多く保有するようになっていった家計の金融行動に変化をもたらしました。アメリカで銀行（商業銀行）の預金金利には，83年まで上限規制が敷かれていました。このため，家計は，資金をより有利な市場性の金融商品にシフトさせていくようになったのです。それに対応するようにして，70年代以降，市場金利に連動した新たな金融商品が続々と登場しました。これにより家計の余剰資金は，有利な運用先を求めて，銀行以外の金融機関へ多く流出していきました。いわゆる**ディスインターミディエーション**といわれる現象です。家計部門は，住宅投資や消費支出のために負債残高を拡大していくと同時に，自らの資金運用も重視するようになっていきました。同時にインフレーションにより，家計は金利選好を高めるようになり，意識および行動を変えていきました。家計は，現在のみならず将来の生活を考慮して，資産と負債の両面において金融取引を行うようになっていったのです。

日本における家計の資産選択

　日本における家計の行動についてみてみましょう。家計の可処分所得に対する貯蓄の比率を，家計貯蓄率といいます。日本の家計貯蓄率は，先進国のなかでも高い状態が続いていましたが，1990年代後半以降，低下してきました。2013年度には，消費支出が可処分所得を上回り，家計貯蓄率は初のマイナスに転じています。家計貯蓄率は，20年度には，新型コロナウイルス感染拡大に伴う給付金の影響により上昇しましたが，高齢化の進展に伴い貯蓄を取り崩す退職者世帯が増加しています。

　これまで日本では，高い家計貯蓄率を維持しながら，家計の金融資産は増加を続けてきました。日本における家計の金融資産残高は，2022年12月末で2023兆円にのぼります（➡第1章）。しかし，家計貯蓄率の低下にみられるように，今後は少子高齢化の影響が懸念されます。したがって今後の日本では，家計がどれくらい資金運用を行うかよりも，どのように資金運用を行うかが重要

になってきます。家計において資金運用の量より質が求められるのです。家計の資金をどのように運用するかは，資金をどのような資産で運用するかという資産選択の問題です。資産選択とは，資産を保有する場合の組み合わせ，すなわちポートフォリオをどのように作るかということです。この資産選択は，投資家が最適なポートフォリオを作る時に行われてきましたが，いまでは家計が資産選択を行う必要が高まっているのです。

家計金融資産の中身

　日米において家計金融資産残高の中身を比較してみましょう。2022年3月末におけるアメリカの家計金融資産残高は115.5兆ドルでしたが，その構成比は，現金・預金が14％，債券が3％，株式等が40％，投資信託が13％，保険・年金・定型保証が29％，その他が3％でした。株式等と投資信託をリスク資産とすると，アメリカの家計金融資産残高に占めるリスク資産の比率は53％にのぼります。アメリカでは，家計の資産を将来にわたって守ると同時にいかに増やすかという意識が定着していきました。アメリカでは，預金残高も積み上がっていますが，家計は自らの負債状況をみながら，決済用の預金と投資家としての金融資産の投資を使い分けて行動しているのです。

　一方，2022年3月末における日本の家計金融資産残高の構成比は，現金・預金が54％，債券が1％，株式等が10％，投資信託が5％，保険・年金・定型保証が27％，その他が3％でした。株式等と投資信託をリスク資産とすると，日本の家計金融資産残高に占めるリスク資産の比率は15％となります（図5.3）。日本では，1980年代後半の好景気時を除いて，リスク資産の比率はあまり上がっていません。

リスクマネーの供給

　日本において，家計金融資産残高の過半が現金・預金となっていることは，おもな資金の流れが銀行を通じて行われる要因となっています。

　日本では1998年12月に，銀行による投資信託の窓口販売（投信窓販）が解禁されました。それまで投資信託は，証券会社の窓口等でしか販売できなかったのですが，銀行の窓口で販売されるようになり，投資信託販売に占める銀行

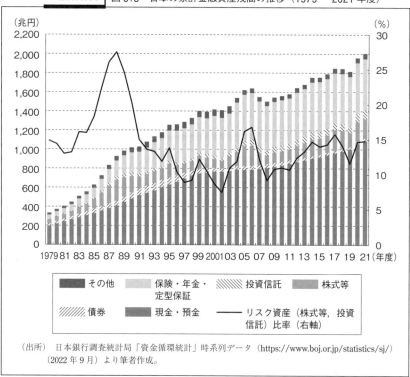

CHART 図5.3 日本の家計金融資産残高の推移（1979～2021年度）

（出所）日本銀行調査統計局「資金循環統計」時系列データ（https://www.boj.or.jp/statistics/sj/）（2022年9月）より筆者作成。

の投信窓販の比率は上昇しました。また個人への譲渡を制限していた物価連動国債は，2015年1月から，個人も購入できるようになりました。近年では，証券会社が資産運用を一括して請け負うラップ口座の販売が増加しています。金融機関は，銀行や証券などの業態に関係なく，個人に対してさまざまな金融商品・サービスを提供しようとしています。

　同時に，個人投資家を拡大・育成していくような制度が導入されています。2014年1月からは少額投資非課税制度（NISA〔ニーサ〕）が開始されました。NISAは，上場株式や株式投資信託等の新規購入分を対象に，配当金や売買益等を非課税にする制度です。24年からはNISAの年間投資枠（つみたて投資枠と成長投資枠の合計）が360万円に増額され，非課税の期間が無期限となる予定です。また税制優遇がある個人型確定拠出年金（iDeCo〔イデコ〕）の加入対象も広げられてきました。iDeCoは，積み立てた掛金を加入者の裁量で運用する

年金制度（任意加入）で，掛金は全額所得控除されます。iDeCo の加入者は，17 年 3 月末の 43 万人から 23 年 2 月末には 286 万人へ増加しています。

本章の冒頭で述べたように，日本政府は 2022 年 11 月に，資産所得倍増プランを公表しました。資産所得倍増プランの具体的な目標として，投資経験者および投資額の倍増を掲げています。具体的には，5 年間で NISA 総口座数を，22 年 6 月末の 1700 万から 3400 万へと倍増させる目標です。また 5 年間で NISA 買付額を 22 年 6 月末時点の 28 兆円から 56 兆円へ倍増させ，その後，家計による投資額（株式・投資信託・債券等の合計残高）の倍増をめざしています。

高成長が続く時代においては，銀行の貸出を中心に資金が供給されて経済成長も達成できました。しかし，経済成長率が低下するなかで，幅広くリスクマネーの供給が必要になってきています。家計部門の資金が，現状より少しでもリスクマネーを供給するようになれば，その資金は日本経済の成長につながるかもしれません。私たち個人においても，預金に偏重して資金運用を行うことは，物価上昇時に資産価値が相対的に目減りする可能性があります。自分のお金は，自分で守っていかなければなりません。投資を行うことは，私たち個人がリスクを抱え込むということではなく，個人がそれぞれ自分の将来に合わせて，リスクも考慮しながら最適な資産選択を行うということです。私たち個人が将来の金融資産をどのように運用・管理していくのかを考えていく必要があるのです。

POINT

- 個人は，所得の一部を消費し，その残りを貯蓄しています。消費と貯蓄は異時点間の資源配分の問題です。
- 日本における家計金融資産残高の過半が現金・預金となっています。
- 少額投資非課税制度（NISA）や個人型確定拠出年金（iDeCo）など個人投資家を拡大・育成していくような制度が拡充されています。

NEXT

本章でみたような金融取引は，実際にどこで，どのように行われているのでしょうか。次章では，金融取引を仲介する金融機関についてみていきます。

読んでみよう **Bookguide ●**

砂川伸幸［2017］『コーポレートファイナンス入門（第2版）』日本経済新聞出版社
　→コーポレートファイナンスについてわかりやすく解説しています。

前田真一郎［2014］『米国リテール金融の研究──消費者信用の歴史的発展過程』日本評論社
　→アメリカにおける消費者信用からリテール・ファイナンスに至るまでのリテール金融の展開を分析しています。

第**6**章

お金を経済に回す担い手

金 融 機 関

金融機関にはどのようなものがあるだろうか？

　2023 年 1 月 4 日，新生銀行はその名称を SBI 新生銀行に変更しました。これは，インターネット証券最大手の SBI 証券を傘下に持つ SBI ホールディングス（以下，SBI）が，21 年に新生銀行を株式公開買付け（take-over bid: TOB）により子会社化したことによるものです。これまで SBI は，子会社の住信 SBI ネット銀行を設立したり，複数の地方銀行への資本業務提携を行うことで，銀行業の再編と銀行業務への参入を進めてきました。新生銀行の子会社化により，SBI は「第 4 のメガバンク」構想をさらに進めることになります。

　金融機関をめぐる動きは，ほかにもあります。銀行業界では，地方銀行同士での再編や業務提携が進んでおり，都道府県をまたぐような地方銀行（いわゆる広域地銀）が誕生しています。たとえば，福岡銀行（ふくおかフィナンシャルグループ）は北部九州での勢力拡大を狙って，熊本銀行や十八親和銀行を傘下に収めています。また，ほくほくフィナンシャルグループ（北海道の北海道銀行と富山県の北陸銀行）のような地域を越えた統合や，関西みらいフィナンシャルグループのような地方銀行と第二地方銀行という業態を越えた統合もあります。信用金庫や信用組合でも，統合が進んでいます。

　証券業界では，前述の SBI 以外にも，東海東京フィナンシャルホールディングスが地方銀行と提携合弁会社を設立しながら，地方銀行との連携を進めています。ノンバンク業界でも，いわゆるグレーゾーン金利や過払金問題を機に，消費者金融会社の多くが再編され，メガバンクの傘下に入りました。2021 年 4 月には，リース業界大手の三菱 UFJ リースと日立キャピタルが統合し，三菱 HC キャピタルが誕生しました。

　一方で，ネット銀行やネット証券といった，インターネット専業の金融機関も，次々に登場しています。既存の銀行や証券会社が子会社として設立するだけではなく，異業種からの参入もあります。とくに，楽天グループ（楽天証券や楽天銀行など）など通信やインターネットサービスを展開する企業が，新たな金融機関を設立し，私たちにさまざまなサービスを提供しています。本章では，金融機関について学びましょう。

1 預金を扱う金融機関

金融機関の分類

　私たちの身近には，多くの金融機関が存在します。預金を預ける時には銀行を利用しますし，将来の病気に備えて保険に加入する時には保険会社を利用します。金融機関はさまざまな金融サービスを提供するとともに，お金を経済に回す役割も果たしています。

　金融機関は，提供する金融サービスによって区別できます。預金を扱う金融機関には，銀行や信用金庫などが含まれます。保険を扱う金融機関としては保険会社が，証券を扱う金融機関としては証券会社が代表的です。図6.1は，提供する金融サービスによって金融機関を分類したものです。以下，それぞれの金融機関についてみていきましょう。

都市銀行と地方銀行

　預金を扱う金融機関について，都市銀行と地方銀行，信託銀行，非営利の金融機関，新たな形態の銀行の順に取り上げます。

　銀行は，預金を扱う金融機関（これを預金取扱金融機関といいます）の代表です。銀行は多くの業務を行っていますが，とくに預金業務，貸出業務，為替業務の3つの業務を，銀行の3大業務（または固有業務）といいます。

　なお，銀行は商業銀行（commercial bank）と呼ばれることもあります。これはアメリカでの言い方で，アメリカには商業銀行と投資銀行（investment bank）の2つがあり，日本でいえば前者が銀行，後者が証券会社にあたります。

　都市銀行（都銀）とは，大都市（東京や大阪など）に本店を設置し，全国的および国際的に営業を行う銀行のことです。金融庁の定義に基づくと，2022年12月末時点で，みずほ銀行，三井住友銀行，三菱UFI銀行，りそな銀行の4行があります。近年では，メガバンクとして，フィナンシャルグループ（FG）といった巨大な金融グループの中核となっており，みずほ銀行はみずほFG，

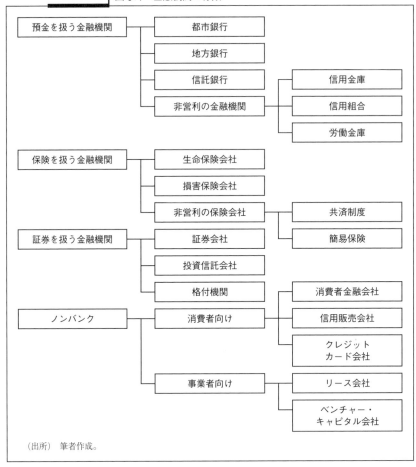

CHART 図6.1　金融機関の分類

```
預金を扱う金融機関 ─┬─ 都市銀行
                    ├─ 地方銀行
                    ├─ 信託銀行
                    └─ 非営利の金融機関 ─┬─ 信用金庫
                                          ├─ 信用組合
                                          └─ 労働金庫

保険を扱う金融機関 ─┬─ 生命保険会社
                    ├─ 損害保険会社
                    └─ 非営利の保険会社 ─┬─ 共済制度
                                          └─ 簡易保険

証券を扱う金融機関 ─┬─ 証券会社
                    ├─ 投資信託会社
                    └─ 格付機関

ノンバンク ─┬─ 消費者向け ─┬─ 消費者金融会社
            │              ├─ 信用販売会社
            │              └─ クレジット
            │                 カード会社
            └─ 事業者向け ─┬─ リース会社
                           └─ ベンチャー・
                              キャピタル会社
```

（出所）　筆者作成。

三井住友銀行は三井住友 FG，三菱 UFJ 銀行は MUFG，りそな銀行はりそなホールディングス，にそれぞれ属しています（➡第**3**章）。

　地方銀行（地銀）とは，地方の中核都市（主として都道府県庁の所在地）に本店を置き，その都道府県を中心に営業を行う銀行のことです。また，地方銀行に似たものとして，第二地方銀行（第二地銀）というものがあります。第二地方銀行は，設立された時の資本や設立目的，根拠法，所属する加盟協会などの点で地方銀行と異なりますが，現在ではほとんど同じものになりつつあります。ちなみに，地方銀行と第二地方銀行を合わせて，地域銀行ということもありま

す。2022年12月末時点で，地方銀行は62行，第二地方銀行は37行あります（➡第**3**章）。

　地域経済の低迷や長期的な低金利により地方銀行の収益が圧迫されていることや，2020年5月に地方銀行同士の統合や合併を独占禁止法の適用除外とする特例法が成立したことで，前述のように銀行再編が進んでいます。その一方で，事業拡大を狙って隣接地域に進出する動きもあります。たとえば，京都銀行は隣接する滋賀県や大阪府だけではなく，兵庫県や愛知県にも支店を開設し，規模拡大を図っています。また，山口銀行（山口FG）は，福岡県北九州市に本店を置く北九州銀行を11年に設立し，北部九州での攻勢を強めています。

　ほかにも，後述のインターネット専業銀行（ネット銀行）や，日本で営業活動を行う外国の銀行（たとえばシティバンクやHSBCなど），もともとは長期金融を担う銀行として誕生したSBI新生銀行（以前の新生銀行）やあおぞら銀行，郵政民営化により銀行となったゆうちょ銀行などがあります。

▌信託銀行

　信託銀行とは，通常の銀行業務に加えて，信託業務と併営業務を行っている銀行のことです。三菱UFJ信託銀行のように，信託銀行の名称がついているものが多いですが，資産管理を専門に行う日本カストディ銀行のように，信託銀行の名称がつかないものもあります。2022年12月末時点で，13行あります。

　信託業務とは，信託に関する業務です。信託とは，文字どおり信じて託すことを意味し，財産を持っている人が，その財産を他の人に預けて管理してもらうことです。信託には，委託者から金銭の運用を受託する金銭信託や，投資信託会社からの指示を受けて資産の運用や管理を受託する証券投資信託などがあります。また，併営業務には遺言書の保管などの相続関連業務や，株主名簿の管理などの証券代行業務，不動産売買の仲介業務，などがあります。

　以前は，信託銀行のみしか信託業務ができませんでしたが，現在では信託銀行以外の銀行でも，認可を受けることで信託業務を行うことが可能となっています。たとえば，都市銀行でいえば三井住友銀行やりそな銀行，地方銀行でいえば福岡銀行や北陸銀行などが，信託業務の兼営の認可を受けています。銀行と信託銀行との違いは，なくなりつつあります。

銀行と同様の業務を行う非営利の金融機関

　銀行は基本的には株式会社で，営利を目的とした企業です。それに対して，銀行と同様の業務を行っているものの，非営利の組織として活動する協同組織の金融機関があります。たとえば，信用金庫と信用組合は，経営理念や顧客の範囲などの点で銀行とは異なっています。また，労働組合などを会員とする労働金庫や，農業従事者を会員とする農業協同組合（JA）などもあります。

　そのうち，労働金庫（ろうきん）は，労働金庫法に基づいて設立されている非営利の金融機関です。主として労働組合や生活協同組合（生協）などが会員となっていますが，これらの組合以外の個人でも会員になることができます。2022年12月末時点では，全国に13金庫あるほか，中央機関として全国労働金庫協会と労働金庫連合会があります。

信用金庫と信用組合

　信用金庫（信金）は，信用金庫法に基づいて設立されている非営利の金融機関です。営業エリアとしては，都道府県よりも狭く，市区町村よりも広い程度です。その地域に住んでいる個人や中小企業などが出資して会員になってもらうことで設立されており，基本的には地域の相互扶助的な役割を果たすことを目的としています。会員以外からも預金を受け入れていますが，貸出に関しては会員以外への貸出が全体の20％までに制限されています。地域への密着度が高いため，地域経済の影響を受けやすく，近年の地域経済の地盤沈下により，信用金庫の経営も厳しい状況にあります。2000年頃には全国に約400金庫あったものの，22年12月末時点では約250金庫にまで減少しており，全国的に信用金庫の統廃合が進んでいます。なお，全国の信用金庫の中央機関として，信金中央金庫（信金中金）があります。

　信用組合（信組）は，中小企業等協同組合法に基づいて設立されている非営利の金融機関です。営業エリアとしては，信用金庫よりもさらに狭く，市区町村を少し越える程度です。1951年に比較的規模の大きかった信用組合の一部が信用金庫に改変し，規模の小さなものはそのまま信用組合として営業したため，現在でも信用組合の資産規模は小さく，信用金庫の7分の1ほどといわれ

ています。業務内容は信用金庫とほぼ同じですが，信用組合の場合には，組合員以外からの預金の受け入れに関しても全体の 20％までという制限があり，組合員の相互扶助的な性質がより強いといえます。主たる取引先が個人や中小零細企業のため，中小企業の経営難の影響を大きく受け，信用組合の経営も厳しい状況にあります。2000 年頃には全国に約 320 組合ありましたが，22 年 12 月末時点では約 140 組合にまで減少しています。なお，全国の信用組合の中央機関として，全国信用協同組合連合会（全信組連）があります。

　信用金庫や信用組合も，地方銀行と同様に，収益の低迷が続いており，統廃合が進んでいます。一方で，独自の取り組みに力を入れている金融機関もあります。たとえば，東京都品川区に本店を置く城南信用金庫は，「裾野金融」「貸すも親切，貸さぬも親切」「カードは麻薬」などの経営理念をもち，懸賞金付き定期預金などの日本初の商品も多数開発しています。カードローンや投資信託といったリスク商品は取り扱っていないほか，全国各地の信用金庫とその取引先を集めた商談会「よい仕事おこしフェア」を開催するなど，地域の住民や企業に寄り添った活動を続けています。また，秋田県秋田市に本店を置く秋田県信用組合（けんしん）は，秋田県内に本店を置く唯一の信用組合です。新規事業の立ち上げを支援する組織である「田舎ベンチャービジネスクラブ」を立ち上げたり，全国各地の 8 信組と共同で農業ファンドを設立したりと，地元地域に根差した活動を行っています。

┃ インターネット専業の銀行 ┃

　インターネット専業銀行（ネット銀行）は，基本的には本店以外の店舗をもたず，インターネット上を中心にサービスを提供する銀行です。預金の受け入れやローンの取り扱いなどは通常の銀行と同様ですが，預金通帳がなかったり自前の ATM（現金自動預け払い機）が少ないといった違いもあります。また，店舗の運営費や人件費がかからないこともあって，通常の銀行と比べて，預金金利が高く，各種手数料が安い傾向にあります。

　ネット銀行の多くは，銀行や証券会社，IT 企業の子会社として運営されています。たとえば，銀行と他業種企業との共同出資による PayPay 銀行（Z ホールディングスと三井住友銀行）や au じぶん銀行（KDDI と三菱 UFJ 銀行），証

券会社による大和ネクスト銀行（大和証券グループ）や住信 SBI ネット銀行（SBI と三井住友信託銀行），他業種企業によるソニー銀行（ソニー FG）や楽天銀行（楽天グループ）などがあります。また，ネット銀行の多くは同じグループ内に証券会社をもっていることもあり，銀行口座と証券口座の連携や関連サービスの提供などを積極的に行っています（➡第 1 章，第 11 章）。

　ネット銀行とは別に，コンビニエンス・ストアやショッピングモールなどの商業施設の店舗に ATM を設置して，おもに決済サービスの提供を行う銀行もあります。たとえば，セブン銀行（セブン＆アイ・ホールディングス）や，イオン銀行（イオングループ），ローソン銀行（ローソン）などがあります。

2　保険を扱う金融機関

保険とは

　次に，保険を扱う金融機関について，生命保険会社，損害保険会社，非営利の保険会社，新たなタイプの保険会社の順にみていきましょう。

　保険会社は，多数の契約者から保険料を集め，それをもとに，病気になったり事故にあった人に対して，保険金を給付しています。保険は，基本的には多数の契約者が存在することで，病気や事故の発生を確率的に扱うことができるため，成り立っている仕組みです。たとえば，ある人ががんになるかどうかはわかりませんが，20 代男性がどれくらいの確率でがんになるかは，過去のデータ等である程度予想がつきます。もし，がんになる確率が 1％で，がんになった時に保険会社が支払う保険金が 100 万円だとすると，このようながん保険の理論上の保険料は 1 万円と計算できます（実際には，後述のように予定死亡率，予定利率，予定事業費率などを踏まえて保険料が計算されます）。

保険は，3つに分けることができます。1つめは，いわゆる第一分野と呼ばれる生命保険（生保）で，これは主として病気や死亡といった「人」を対象とした，比較的長期の保険です。2つめは，いわゆる第二分野と呼ばれる損害保険（損保）で，これは主として事故や災害といった「物」を対象とした，比較的短期の保険です。3つめは，いわゆる第三分野と呼ばれる保険で，生命保険にも損害保険にも分類されない保険です。

保険の役割と保険に付随する問題

保険は，将来どうなるかわからないなかで，不確実性を回避する手段として役立ちます。たとえば，いつ病気になるかはわかりませんが，万が一病気になった時には入院や手術にお金がかかったり，入院中に収入が減ったりします。前もって保険に加入しておくことで，実際に病気になった時には保険金を受け取り，費用や損失をカバーすることができます。また，とくに生命保険会社は，契約者から受け取った保険料を長期で運用に回すので，金融仲介機関としての役割も果たしています。

一方，保険にはモラル・ハザードや逆選択という問題点もあります。モラル・ハザードとは，たとえば保険に加入することで倫理観が欠如し，人々がよりリスクの高い行動をとりやすくなる現象のことです。逆選択とは，情報を持っている人がその有利さを利用して，情報を持っていない人を上手く出し抜くことです。たとえば，病気がちの人は，自分が病気がちであることを知っているので自分に合った保険に加入しようとします。一方，保険会社は誰が病気になりやすいのかについての情報を持っていません。結果として，病気になりやすい人ばかり保険に加入することで，保険会社が損をすることになります。さきほどのがん保険の数値例を使うと，契約者のがんになる確率を1％と見積もり，がんになった時に100万円の保険金を支払う保険の保険料を1万円と設定しても，もしがんになりやすい人ばかりがこの保険に加入することで，契約者のがんになる確率が5％になってしまうと，保険会社は保険金を5分の1の20万円にするか，保険料を5倍の5万円にするか，しないと赤字になります。その結果，この保険料が1万円のがん保険という商品は，市場から消えてしまいます。

生命保険会社

生命保険会社は，主として生命保険を扱う保険会社です。日本生命や第一生命など，2022年12月末時点で42社あります。

生命保険会社が扱う商品は，大きく2つからなります。1つは第一分野である生命保険で，これは人の生死や病気に関して保障するものです。具体的な商品としては，定期保険や終身保険，養老保険，個人年金保険などがあります。もう1つは第三分野の保険で，これは生命保険にも損害保険にも属さない，その他の保険です。具体的な商品としては，医療保険や介護保険，傷害保険，がん保険などがあります。なお，第三分野の保険は，後述の損害保険会社でも扱うことができます。

生命保険会社の資金運用は，古くは企業への長期貸出が中心だったといわれていますが，近年では有価証券への投資が多くなっています。

生命保険会社は，契約者から保険料を受け取り，それを長期で運用することで資産を増やしつつ，給付対象者が現れた時には保険金を支払います。保険料を計算するにあたっては，契約者がどれくらいの確率で死亡または病気になるのか（予定死亡率），資産運用でどれくらい儲かるのか（予定利率），事業を運営するためにどれくらいの費用がかかるのか（予定事業費率），の3つを考慮しています。とくに2つめの予定利率は，保険契約の際に契約者に約束した利回りですが，運用後の利回りが実際どうなるかはわかりません。もし，予定利率を3％としていても，実際の運用の結果2％の利回りしか上げられなかった時，このことを逆ざやといい，保険会社にとっては損失となります。歴史を振り返ると，バブル崩壊後の1990年代には多くの保険会社で逆ざやによる巨額赤字が発生し，複数の保険会社が経営破綻しました。

ちなみに，保険会社自身の安全性（倒産しないか）の目安として，ソルベンシー・マージン（保険金支払余力）比率という指標があります。この数値が200％以上の保険会社を選ぶようにしましょう。

損害保険会社

損害保険会社は，主として損害保険を扱う保険会社です。東京海上日動火災

保険や三井住友海上火災保険など，2022年12月末時点で33社あります（外国の損害保険会社などを含めると55社あります）。

　損害保険会社が扱う商品は，大きく2つからなります。1つは第二分野である損害保険で，これは事故等で発生した損害を補償するものです。具体的な商品としては，火災保険や地震保険，自動車保険（いわゆる自賠責保険と任意保険）などがあります。もう1つは第三分野の保険です。前述のとおり，第三分野の保険は生命保険会社でも扱うことができます。

　損害保険会社のおもな商品は，古くは火災保険やそれに付随する地震保険，海上保険でした。その理由として，日本には木造住宅が多く火事の危険性が高いこと，地震が多いこと，島国のため荷物を船で輸送する必要があり災害を受けやすいことなどが考えられます。現在では，自動車保険が売上の半分以上を占めています。

　損害保険会社の資産の多くは有価証券に投資されていますが，その運用資金の規模は生命保険会社と比べると圧倒的に小さくなります。これは，損害保険の契約の多くが，1年ごとの掛け捨てタイプであるためです。

▍非営利の保険会社 ▍

　非営利の保険会社（制度）として，保険会社と同様の役割を果たしている共済制度と簡易保険（かんぽ）についてもみておきましょう。

　共済制度は，生命保険や損害保険に似ていますが，基本的には組合員などに対象を限定したものです。たとえば，全共済（全国共済農業協同組合連合会）は，通称をJA共済といいますが，2022年12月末時点で約58兆円の総資産を持っており，主として農業従事者を対象にしています。全労災（全国労働者共済生活協同組合連合会）は，通称をこくみん共済といいますが，22年12月末時点で約4兆円の資産を持っており，労働者だけでなく，一般の人々も対象にしています。これらの共済制度は，法律に基づいて作られた組織です。

　一方，法律上の根拠や規制を受けていない共済制度を，無認可共済といいます。基本的な仕組みは共済と同じですが，特定の少数からなるグループを対象としている点が特徴です。2006年からは，金融庁への登録義務を課す少額短期保険業制度がスタートしました。

簡易保険（かんぽ）は，郵便局で販売されている，生保と同様の保険商品ですが，「身近」「簡易」「小口」という特徴を備えています。すなわち，全国の郵便局で加入できるくらい身近で，加入時の医師の診断や職業による制限がないくらい簡易で，加入限度額が最大2000万円に制限されている（2016年4月以降）くらい小口である，という特徴を持った保険商品です。

┃インターネット専業の保険会社┃

保険は，従来は対面販売が中心でしたが，近年ではインターネット上での販売も増えています。また，インターネット専業の保険会社（ネット保険）も登場し，競争が激しくなっています。たとえば，独立系の保険会社（ライフネット生命），大手保険会社の子会社（東京海上グループのイーデザイン損保やMS＆ADの三井ダイレクト損保），異業種からの参入（ソニー損保や楽天損保），外資系（アクサダイレクト）などがあります（➡第1章）。

保険商品にも新たなタイプが次々に登場しています。たとえば，ペット保険は，家庭のペットを対象に病気やけがの治療費の一部を保険金として支払う保険で，損害保険の一種です。ほかにも新型コロナウイルスの感染が拡大した時には，感染し入院した場合に保険金を支払うような保険商品が人気を博しました。

POINT

- ■ 生命保険会社は，人の生死や病気を保障する保険を扱っています。
- ■ 損害保険会社は，事故などで発生した損害を補償する保険を扱っています。
- ■ 保険は将来のリスクに備える役割を果たす一方で，モラル・ハザードや逆選択という問題点も併せ持ちます。

 証券を扱う金融機関

┃証 券 会 社┃

次に，証券を扱う金融機関について，証券会社，投資信託会社，格付機関の

順にみていきましょう。

証券会社は，証券業務を行う金融機関です。具体的には，第4章で学んだように，自己売買業務（ディーリング業務），委託売買業務（ブローキング業務），引受業務（アンダーライティング業務），募集業務（セリング業務）の4つの業務を行っています。

証券会社の根拠法は，金融商品取引法になります。それ以前は，証券に関する法律である証券取引法が根拠法でした。近年では，証券や預金といった伝統的な金融商品のカテゴリーに収まらないものがたくさんあるため，金融商品の取引を横断的に網羅するための法律として金融商品取引法が施行されました。

一般的には証券会社と呼ばれていますが，この金融商品取引法に基づいた証券会社の正式名称は，金融商品取引業者となります。金融商品取引業にはいくつかのカテゴリーがあり，証券会社は第一種金融商品取引業者に分類されます。

証券会社は，一定の要件を満たせば設立や営業が認められます。2022年12月末時点で，約270社の証券会社があります。1990年頃には，野村證券，大和証券，山一證券，日興証券という4つの大手証券会社（いわゆる4大証券）がありました。その後，山一證券は経営破綻し，日興証券は三井住友FGの傘下に入ったので，独立系として現在でも営業している大手証券会社は，野村證券と大和証券だけになりました。

証券会社の収入源の中心は，株式売買委託手数料です。これは，委託売買業務（ブローキング業務）において，顧客からの売買注文を受ける時に，顧客から証券会社に支払われる手数料です。この手数料は，以前は一律に決められていましたが，1999年10月からは完全自由化され，各証券会社が自由に設定できるようになりました。とくに，インターネット専業証券会社（ネット証券）の登場などにより，以前と比べて大幅に低下しています。そのため，株式売買委託手数料に依存していた証券会社にとっては，大きな痛手となりました。近年では，たとえば投資信託を販売する時の手数料や，投資銀行業務による収入を増やすなど，収入源の多様化を進めています（➡第1章）。

┃インターネット専業の証券会社

ネット銀行やネット保険のように，証券会社にも店舗を持たずインターネッ

トを通じて証券取引サービスを行うインターネット専業の証券会社（ネット証券）があります。SBI 証券や松井証券などが代表的です。とくに SBI 証券はネット証券の最大手ですが，口座数などで大手の野村證券や大和証券と並ぶほどにまで成長しています。一方，既存の証券会社もネット取引に力を入れており，ネット証券との競争も激しくなっています。LINE（ライン）証券や楽天証券など，異業種からの参入も盛んです（➡第1章）。

近年では，さまざまなタイプのネット証券も登場しています。たとえば，CONNECT（コネクト）は，大和証券の子会社ですが，口座開設から株式取引，資産管理までをスマートフォンだけで完結できるサービスを提供しています。また，Siiibo（シーボ）証券は社債を専門に扱っているネット証券です。さらには，楽天ポイントなどのポイントを利用して投資を行う「ポイント投資」が可能なネット証券もあり，スマートフォンを利用する若い世代が気軽に投資を始められるような環境が整いつつあります。

アメリカでも，コロナ禍を契機に多くの若い世代が投資を始め，手数料無料で利用できるスマートフォンの投資アプリ「ロビンフッド」（Robinhood）が社会的なブームになりました。

投資信託会社

投資信託会社は，投資信託（投信）を設定し，投資家から集めた資金を運用する金融機関です（➡第4章）。

投資信託とは，多数の投資家から少額の資金を集めて大きな資金にして，それを投資の専門家が株や債券などに投資し，その結果得られた収益を投資家に還元するものです。投資信託のメリットとしては，多数の投資家が資金を出し合って投資することで規模の経済性を高められること，投資の専門家に資金の運用を任せることができること，分散投資を実現することでリスクを小さくできることなどが挙げられます。

図6.2は，投資信託の仕組みを示しています。まず，投資家が投資信託に投資する場合，通常は証券会社や銀行などの金融機関で，投資信託を申し込んだり購入することになります。投資信託の代金（申込金）を支払う見返りに，投資信託会社が発行する受益証券を（証券会社等を通して）受け取ります。その後

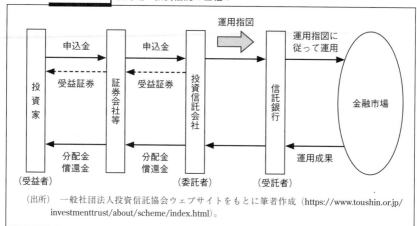

CHART | 図6.2 投資信託の仕組み

運用指図

申込金　　　申込金　　　　　　　　運用指図に
従って運用

受益証券　　受益証券

投資家　証券会社等　投資信託会社　信託銀行　　金融市場

分配金　　　分配金　　　　　　　運用成果
償還金　　　償還金

（受益者）　　　　　　　　　　（委託者）　　（受託者）

（出所）　一般社団法人投資信託協会ウェブサイトをもとに筆者作成（https://www.toushin.or.jp/investmenttrust/about/scheme/index.html）。

の運用の結果, 利益が出た時にはその一部を分配金として（証券会社等を通して）受け取ることができます。また, 投資信託への投資をやめる時には, 解約や売却により資金（償還金）を回収します。このように, 投資家は投資信託の仕組みでは「受益者」の立場となります。

　次に, 証券会社等は投資家と投資信託を運用している投資信託会社との間のお金や書類のやりとりを手伝ったり, 投資家に投資信託を案内や販売をすることで, 手数料を稼いでいます。証券会社等は取次を行う立場です。

　投資信託会社は, 投資家から預かった資金をどのように運用するかを判断したり, 投資家に報告書の送付や分配金の支払いを行います。ただし, 投資家から預かった資金は自分では保有せず, 信託銀行（や信託業務を行う銀行）に預け, 取引の実行や管理を任せるため,「委託者」の立場となります。また, 投資家から資金を預かる見返りに, 投資信託の受益証券を投資家に渡します。この受益証券は, 投資信託会社という金融機関が発行する証券なので, 間接証券となります。なお, 投資信託会社は受益証券という間接証券を発行する一方で, 企業の株式や債券という本源的証券に投資します。このような仕組みを, 市場型間接金融といいます（➡第3章, 第4章）。

　最後に, 信託銀行は, 投資信託会社から資金を預かり（受託し）, 投資信託会社の指図に従って資金の運用を行うので,「受託者」の立場となります。この

　金利（利子率）とは，お金を貸し借りする時に借り手から貸し手に支払われる利子（利息）の，元本に対する割合のことです。たとえば，100万円を1年間借りた時の利子が5万円の場合，金利は5％となります。通常，金利は1年間当たりで表示します。これを年利といいます。

　私たちの身の回りにはさまざまな金利がありますが，金利は金額や期間だけでなく，誰がどこで借りるかによっても，変わってきます。たとえば，銀行で住宅ローンを借りる時には1～3％程度ですが，クレジットカードの金利は最高で20％にもなります。とくに，リボ払いの場合，月々の返済額を自分のペースに合わせることで毎月の負担は減らせますが，完済までの期間が長くなると，その分支払う金利が増えることで総返済額も増えるため，注意が必要です。

　一方で，お金を貸す場合には，金利を受け取ることができます。たとえば，銀行に預金を預けることで預金金利が得られますが，2022年12月末時点の預金金利は，普通預金で0.001％程度，定期預金でも0.002％程度と，きわめて低くなっています（ネット銀行だと，もう少し高めの金利が付くこともあります）。

　お金の貸し借りでは金利といいますが，証券や不動産などの投資では利回りといいます。たとえば，債券利回りは，債券に投資することで得られる収益（利息と，売却損益あるいは償還差損益，の合計）の，投資金額に対する割合のことです。そのうち，債券の発行時に購入し満期償還まで保有した時の利回りを，応募者利回りといいます。また，不動産投資の利回りは，不動産への投資によって得られる収益（家賃など）の，投資金額に対する割合のことです。そのうち，諸経費を考慮せず収益だけで計算するものを表面利回り（単純利回り），収益から諸経費を差し引いて計算するものを実質利回り（純利回り，NOI利回り），といいます。

　残念ながら，金利が年利表示されないこともあります。たとえば，10万円を借りて，1カ月後に11万円返す（単純計算で年利120％）ような場合には，お金を借りる前に，自分で金利をきちんと計算して確認することが大切です。

時の信託報酬が，信託銀行にとっての収益となります。

投資信託の種類

（証券）投資信託にはさまざまな種類があり，いくつかの分け方ができます。1つめは，購入の方法による区別です。投資信託が新しく販売される時の募集期間にしか購入できないものを，単位（ユニット）型といいます。一方，募集期間の終了後も，いつでも購入したり換金できるものを，追加（オープン）型といいます。

2つめは，投資対象資産による区別です。公社債投資信託とは，公社債（債券）にしか投資できない投資信託です。公社債は，基本的には信用リスクや価格リスクが小さいため，元本も比較的確実に戻ってきます。そのため，流動性や安全性を確保しながら，ある程度の収益性も備えた投資をしたい人にとっては，公社債投資信託はお薦めといえます。一方，株式投資信託とは，株式にも投資することができる投資信託です。株式は債券よりもリスクが高いので，安全性は低くなりますが，その代わりにより高い収益性をめざす人にとっては，お薦めといえます。ただし，あくまでも「投資することができる」投資信託のため，実際に株式に投資しなくても問題ありません。それに対して，公社債投資信託は公社債にしか投資できないため，株式には一切投資できません。なお，公社債投資信託にしても株式投資信託にしても，投資信託はリスク商品のため，元本は保証されていません。

インデックス（パッシブ）型とアクティブ型

株式投資信託は，さらに2つに分けることができます。1つは，インデックス（パッシブ）型と呼ばれるもので，これは運用目標の指標であるベンチマークに連動するような運用成績が出るように運用されるものです。ベンチマークとしては市場平均を表すような指数を用いることが多く，具体的には日経225平均株価や東証株価指数（TOPIX）などがあります。たとえば，日経225平均をベンチマークとするインデックス・ファンドは，日経225平均が1％上昇する時には，そのインデックス・ファンドも1％上昇するように運用されています。なお「パッシブ」とは，受け身，受動的という意味です。何をベンチマークにするかで，その投資信託の運用成績も変わります。

もう1つは，アクティブ型と呼ばれるもので，これは積極的な運用を行うことでベンチマークを上回るような運用成績が出るように運用されるものです。たとえば，日経225平均が1％上昇する時には，アクティブ・ファンドでは2％上昇するように運用されていたりします。ベンチマークをどれくらい上回るように運用するかなどは，投資信託の目論見書などに書いてあります。

インデックス・ファンドの場合には，基本的には市場平均の動きに連動するように運用すればいいのですが，アクティブ・ファンドの場合には，市場平均を上回る成果をめざすため，何かしらの特別な運用手法が必要になります。すなわち，投資対象を選ぶ時にどのようなポイントに注目するのか，という独自の視点や戦略が大事になります。具体的には，企業の価値（バリュー）に注目して企業価値に対して株価が割安な株を中心に運用するバリュー株ファンド，企業の成長（グロース）に注目して将来の成長を見越した場合に割安であると考えられるような株を中心に運用するグロース株ファンド，配当利回りの高い株を中心に運用する好（高）配当株ファンド，などがあります。

投資信託のなかには，証券取引所に上場していて，個別銘柄と同様に売買することができるものもあります。ETFは，exchange traded funds の略で，上場投資信託のことです。株価指数などの値動きに連動するタイプの投資信託なので，基本的な仕組みは通常の非上場のインデックス・ファンドとほぼ同じものです。また，REIT（リート）は，real estate investment trust の略で，投資家から調達した資金を不動産に投資し，そこから得られる賃料等を分配金として投資家に分配する不動産投資信託です。

┃格付機関┃

証券，とくに債券にとって格付けはとても大事な役割を果たします。格付けとは，債券などの元利払い（元本と利息の支払い）が確実に行われるかの見通しについて，AやBといった簡単な記号を用いて評価したものです。企業が債券を発行して資金調達する場合には，格付けがないと，投資家がその安全性について判断ができないため，思うように買い手がみつからなかったり，より低い価格で発行せざるをえなかったりします。また，企業の経営や財務に関する情報の1つとして，格付けを公表することでその企業にとってはディスクロー

ジャー（情報公開）の役割も果たします。格付機関は、このような格付けを行っている金融機関です。

　日本で有名な格付機関は5つで、スタンダード＆プアーズ（S&P）、ムーディーズ、フィッチという外国の格付機関と、格付投資情報センター（R&I）、日本格付研究所（JCR）という日本の格付機関があります。格付機関は民間企業なので、社会的な役割を果たす一方で、利益を求めるという私的な面もあります。とくに、サブプライム危機の時には、手数料稼ぎのために信用度の低い金融商品に対しても高い格付けを与えていたことが批判されました。その後、格付機関に対する監督の必要性から、日本では2009年に格付機関に対する登録制が導入され、金融庁が指定格付機関として上記の5社を指定しました。

　S&PやR&Iの格付けでは、いわゆるトリプルエー（AAA）が最も高い格付けとなっており、トリプルビー（BBB）までの債券が「投資適格」に分類されます。一方、ダブルビー（BB）以下は「投資不適格」の債券で、債務不履行（デフォルト）のリスクが非常に高く、投資に適していないことを意味します。たとえば、シングルビー（B）以下の債券の場合、そのうちの約3割は10年以内に債務不履行になる恐れがあります。

POINT

- ■ 証券会社は証券の売買や取次を行う金融機関で、近年はさまざまなネット証券が登場し、競争が激しくなっています。
- ■ 投資信託会社は、投資家から集めた資金を運用し、その運用成果を投資家に分配金として分配します。
- ■ 株式投資信託には、インデックス（パッシブ）型とアクティブ型があります。

---

4 ノンバンク

┃ノンバンクとは┃

　ここまで、銀行、保険会社、証券会社などの金融機関をみてきました。それ以外にもさまざまな金融機関があり、それらを総称してノンバンク（銀行のよ

うに預金を取り扱わない金融機関という意味です）といいます。

　ノンバンクには，消費者（家計）向けにサービスを提供する金融機関と，事業者（企業）向けにサービスを提供する金融機関があります。消費者向けとしては消費者金融会社やクレジットカード会社などが，事業者向けとしてはリース会社やベンチャー・キャピタル会社などがあります。

┃ 消費者向けのノンバンク ┃

　消費者金融会社は，消費者に対して無担保で，短期で，少額の融資を行う金融機関です。具体的には，アコムやプロミス，アイフルなどがあります。消費者金融の特徴は，現金で貸すところにあります。いわゆるグレーゾーン金利や過払金問題，貸金業規制法の施行などにより，大手の企業でも倒産が相次ぎ，生き残った企業も銀行と提携したり，メガバンクの傘下に入ることが多くなっています。

　信用販売（信販）会社は，商品の購入者に対して信用を供与し（お金を貸し），代金を分割払い等によって回収しています。具体的な企業としては，三菱UFJニコス（以前の日本信販）やオリコ（オリエントコーポレーション）などがあります。何か物を買った時にお金を貸すこと，分割払いで返済することが特徴です。最近では，クレジットカードとの区別がなくなりつつあります。

　クレジットカード会社も，信用販売会社と同様に，商品の購入者に対して信用を供与しますが，契約者の氏名や会員番号などが記録されたクレジットカードを発行するのが特徴です。世界的なブランドとしてはビザ（Visa）やマスターカード（Mastercard）などがあり，日本のブランドとしてはJCBがあります。また，これらのブランドと提携した銀行系，流通系，交通系など，さまざまなカードがあります。クレジットカードの支払方法としては，1回払い，分割払い（2回払いまでは手数料なし），リボルビング支払い（リボ払い）などがあり，クレジットカードの与信枠を利用して現金を借りるキャッシングも可能です。クレジットカードの申し込みの際には審査が行われ，通常はある程度の収入があることがカード発行の条件とされますが，学生カードのように収入の少ない人向けに発行されることもあります（⇒第1章，第5章）。

事業者向けのノンバンク

　リース会社は，機械などを購入しようと考えている企業に代わって購入し，それをその企業に一定期間有料で貸し出すリース事業を行う金融機関です。具体的な企業としては，オリックスや三菱HCキャピタルなどがあります。リース会社にとっては，企業から受け取るリース料と商品の購入代金との差額が利益になります。一方，リースを利用する企業にとっては，減価償却の負担を減らせること，リース料を経費に計上できること，機械などの所有権はリース会社にあるので壊れた時や災害にあった時の費用を負担しなくてよいことなどの利点があります。

　ベンチャー・キャピタル（VC）会社は，未上場のベンチャー企業に投資することで収益獲得をめざす投資会社（投資ファンド）です。株式等への投資だけではなく，企業の経営に関与し支援する（ハンズオンといいます）ことで，ベンチャー企業を成長に導く役割も果たします。企業が十分に成長したり業績が安定したところで，上場（株式公開）させることで保有株を売り出したり，他の企業やファンドに転売することで資金を回収します。日本には，ジャフコやみずほキャピタルといった金融機関系VCだけでなく，大学発のベンチャーを支援する大学系VCや，政府系VC，事業会社系VCなどもあります。

POINT

- ■ ノンバンクは，消費者金融会社などの消費者向けのものと，リース会社などの事業者向けのものに分けられます。
- ■ 消費者金融会社は，消費者に対して無担保で短期，少額の融資を行います。
- ■ 信用販売（信販）会社やクレジットカード会社は，商品の購入者に融資し分割払い等によって回収します。

NEXT

　金融機関は，さまざまな業務や金融商品の提供を通じて，お金を経済に回す役割を果たしています。そのお金や金融商品の取引は，金融市場で行われます。次章では，金融市場の種類や役割について学びましょう。

EXERCISE

- □ 1 預金を扱う金融機関には，どのようなものがありますか。とくに，都市銀行と地方銀行にはどのような違いがあるでしょうか。
- □ 2 生命保険会社と損害保険会社は，その役割や性質にどのような特徴があるでしょうか。
- □ 3 投資信託，とくに株式投資信託にはどのようなものがあるでしょうか。

読んでみよう | Bookguide ●

全国銀行協会企画部金融調査室編［2017］『図説　わが国の銀行（10訂版）』財経詳報社

　→日本の銀行の仕組みや業務について幅広く学ぶことができます。

田村威［2021］『投資信託──基礎と実務（18訂）』経済法令研究会

　→実務向けの本ですが，投資信託の仕組みや種類について学ぶことができます。

村本孜［2015］『信用金庫論──制度論としての整理』金融財政事情研究会

　→信用金庫の制度などについて，より深く学ぶことができます。

第 **7** 章

お金を取引する場

金 融 市 場

金融市場にはどのようなものがあるだろうか？

KEY WORDS

- ☐ 短期金融市場
- ☐ 長期金融市場
- ☐ コール市場
- ☐ 債券市場
- ☐ 株式市場

- ☐ 発行市場
- ☐ 流通市場
- ☐ デリバティブ
- ☐ 暗号資産
- ☐ クラウドファンディング

　2022 年 4 月, 日本の証券取引所である東京証券取引所 (東証) は, 株式市場の市場区分を大幅に再編しました (図7.1)。これまでの東証 1 部, 東証 2 部, ジャスダック, マザーズという 4 つの市場から, プライム, スタンダード, グロースという新たな 3 つの市場へと集約されることになりました。あわせて上場基準の変更や上場維持基準との統一化が行われ, ルールがより厳しくなりました。上場企業の新陳代謝を促しつつ, それぞれの市場のコンセプトを明確にすることで, 外国からの投資を呼び込むことをめざしています。

　プライム市場には, 流通株式の時価総額が 100 億円以上の企業が上場しています。再編以前の東証 1 部上場企業のうち, 約 600 社がこの基準を満たしていませんでしたが, そのうち半数は経過措置としてプライム市場に移行し, 残りの半数はスタンダード市場に移行しました。

　また, 東証株価指数 (TOPIX) の採用銘柄も, それまでの東証 1 部全銘柄から, 所属する市場区分にかかわらず, 流通株式の時価総額が 100 億円以上の企業へと, (2025 年 1 月末までに) 段階的に絞られることになっています。

　このような金融市場の動きは, 上場企業だけでなく, 投資家や金融機関にも

CHART 図7.1　東証の市場区分の再編

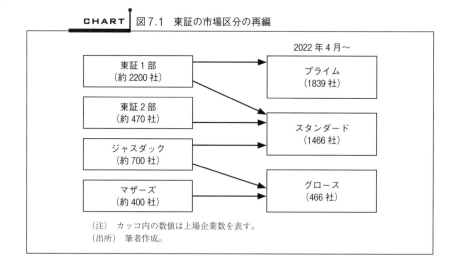

(注)　カッコ内の数値は上場企業数を表す。
(出所)　筆者作成。

影響を与えます。本章では，金融市場について学びましょう。

1 短期金融市場

▐ 金融市場の分類 ▐

　金融市場とは金融取引を行う場であり，資金の需要と供給が調整される場のことです。また，その資金の需給を調整するときの形態が金融商品であり，調整するときの価格が金利や利回り（証券だと証券価格）となります。金融市場においてお金の貸し借りや証券の売買が行われることで，お金が資金余剰主体から資金不足主体へと流れていきます。金融市場が円滑に機能していることは，私たちの日常や経済全体にとって必要不可欠です。

　金融市場は，取引される資金の期間という観点から，2つに分けられます。1つは，**短期金融市場**（マネー・マーケットともいいます）です。これは，1年以内の資金を取引する市場です。短期金融市場は，インターバンク市場とオープン市場からなります。

　もう1つは，**長期金融市場**（資本市場または証券市場ともいいます）です。これは，1年を超える資金を取引する市場です。具体的には，債券市場と株式市場があります。

　図7.2は，金融市場を分類したものです。以下，それぞれの市場についてみていきましょう。

▐ 短期金融市場 ▐

　短期金融市場は，取引参加者の違いにより，インターバンク市場とオープン市場の2つに分けられます。インターバンク市場は，取引の参加者が金融機関に限定された市場で，具体的にはコール市場があります。一方，オープン市場は，金融機関以外の一般企業も取引に参加できる市場ですが，基本的には優良な大企業が中心です。オープン市場は，CD市場，CP市場，国庫短期証券（T-Bill）市場，債券現先市場および債券貸借（レポ）市場からなります。

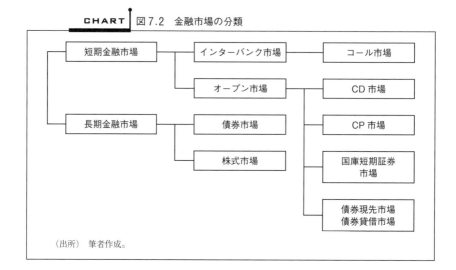

CHART 図7.2　金融市場の分類

```
短期金融市場 ─┬─ インターバンク市場 ─── コール市場
             │
             └─ オープン市場 ─┬─ CD 市場
                             │
長期金融市場 ─┬─ 債券市場     ├─ CP 市場
             │               │
             └─ 株式市場     ├─ 国庫短期証券
                             │   市場
                             │
                             └─ 債券現先市場
                                 債券貸借市場
```

（出所）　筆者作成。

コール市場

　コール市場は，金融機関が一時的な資金の過不足を調整するために，資金を貸し借りする市場です。コール市場では，資金の出し手（貸す側）と取り手（借りる側）との間で取引が行われます。資金の出し手側が貸す資金のことをコールローン，資金の取り手側が借りる資金のことをコールマネー，といいます。

　コール市場は，取引される資金の期間によって，2つに分けられます。1つは翌日物（オーバーナイト物）と呼ばれるもので，翌日まで貸し借りする取引です。これは，コール市場の取引全体の半分ほどを占めています。もう1つは期日物と呼ばれるもので，最短で2日間，最長で1年間，貸し借りする取引ですが，3週間以内の取引が中心です。またコール取引は，担保が必要な有担保コールと，担保が必要ではない無担保コールに分けられます。有担保コールの取引をするためには，取引の際に国債や手形などの担保を預ける必要があります。

　コール市場での金利を，コールレートといいます。コールレートは，資金の出し手と取り手が希望する金利（レート）をお互い提示し，それを短資会社が仲介することで決まります（貸し借りが成立します）。この方法を，オファー・

ビッド制といいます。オファー（offer）とは出し手側が資金を貸す時の金利で，ビッド（bid）とは取り手側が資金を借りる時の金利です。通常は，それぞれの金融機関がオファーとビッドを両建てで提示しています。なお，翌日物の無担保コール取引の金利である無担保コールレート（オーバーナイト物）は，日本銀行が金融政策を行う際の重要な指標となっています（➡第8章）。

　ちなみに，インターバンク市場のもう1つの市場として，手形市場があります。これは，金融機関が手形割引などで入手した商業手形や国債などを担保に振り出した手形（表紙手形）を，金融機関間で売買する市場です。期間は1週間から最長1年までの取引ですが，中心は3カ月程度で，コール市場よりも少し長めの資金を取引する市場です。以前はコール市場とともに重要な市場でしたが，現在では手形市場の取引はほぼ行われておらず，市場としては事実上機能していません。

CD市場

　ここからは，オープン市場に分類される市場をみていきましょう。CD市場は，第三者に譲渡することのできる定期預金である譲渡性預金（certificate of deposit: CD）を売買する市場です。通常私たちが持っている預金は他人に譲渡できませんが，CDは譲渡することを目的に作られた預金で，1979年5月に金利規制を乗り越えるために新しく開発された金融商品として誕生しました。当初は取引の最低金額が5億円と高額でしたが，その後引き下げられ，現在では最低金額の規制はありません。CDは預金でありながらも，譲渡性を備えているという特徴があります。

CP市場

　CP市場は，企業などが発行する短期有価証券であるコマーシャル・ペーパー（commercial paper: CP）を売買する市場です。CPは，信用力のある優良な大企業が，無担保で短期の資金を借りるために発行するものです（➡第5章）。

国庫短期証券（T-Bill）市場

　国庫短期証券（T-Bill）市場は，国が短期資金を調達するために発行する短期

の割引国債（国庫短期証券）を売買する市場です。以前は，その発行目的に応じて政府短期証券（FB）と割引短期国債（TB）という2種類の短期国債がありましたが，2009年2月に国庫短期証券へと統合されました。Tとは財務省（Treasury）を，Billとは短期国債を，それぞれ意味します。国庫短期証券の償還期間は1年以内ですが，実際には2カ月物，3カ月物，6カ月物，1年物，の4種類が発行されています。国債の一種ということもあり，信用度が高く取引量も多くなっています（➡第4章）。

▌債券現先市場と債券貸借（レポ）市場 ▌

債券現先市場は，債券の条件付き売買を行う市場です。現先_{げんさき}とは，現物_{げんぶつ}と先_{さき}物_{もの}のことですが，一定期間後にあらかじめ定められた価格で同一銘柄の債券を買い戻す（あるいは売り戻す）ことを約束して債券を売る（あるいは買う）取引のことです。

現先取引には，買現先と売現先の2つがあります。買現先は，債券を売戻し条件付きで購入する取引です。一見すると債券の売買をしているようにみえますが，実際には債券を担保に資金を貸し出す取引であり，資金運用のために買現先を行います。一方，売現先は，債券を買戻し条件付きで売却する取引です。売現先は，債券を担保に資金を借り入れる取引であり，資金調達のために売現先を行います。なお，2001年よりリスクコントロール条項や一括清算条項の付いた新現先取引が導入されています。

債券貸借（レポ）市場は，債券の貸借を行う市場です。レポとは英語のrepurchaseを語源とし，賃借料（品貸料）を受け払いすることで，現金を担保に債券を貸借する取引のことです（正式には現金担保付債券貸借取引，略して現担取引といいます）。ただし，債券現先取引と債券貸借取引は経済的には同等の取引であることなどから，2018年5月の国債決済期間の短期化を機に，債券貸借（現担）取引は前述の新現先取引に統合されています。

- 短期金融市場には，金融機関のみが取引に参加できるインターバンク市場と，金融機関以外の一般企業も取引に参加できるオープン市場があります。
- コール市場では，金融機関が一時的な資金の過不足を調整するために資金の貸し借りをしています。
- オープン市場にはCD市場やCP市場，国庫短期証券市場などがあります。

債 券 市 場

長期金融市場

　ここからは，長期金融市場についてみていきましょう。長期金融市場は，1年を超える資金を取引する市場であり，**債券市場**と**株式市場**からなります。また，債券市場と株式市場には，それぞれ**発行市場**（プライマリー市場）と**流通市場**（セカンダリー市場）があります（➡第**4**章）。

債 券 市 場

　債券（または公社債）とは，（基本的には）利息を定期的に支払い，満期時に額面金額の償還を約束した債務証書のことです。債券は発行体（誰が発行するか）によって，いくつかに分けることができます。国が発行する債券を国債，地方自治体が発行する債券を地方債，一般の企業が発行する債券を社債（または事業債），とそれぞれ呼びます（➡第**4**章，第**5**章）。

　債券は利払い（利息の支払い）があるかどうかで，2つに分けることができます。利付債とは，通常額面で発行され，定期的な利払いと満期時における額面償還が行われる債券のことです。実際には額面とは異なる価格で発行されることも多いので，利払いのある債券を利付債だと考えた方がいいでしょう。なお，債券の額面は通常100円（1万口を売買単位とすると100万円）です。また，利息が発行時から変わらないものを固定利付債，利息が市場の金利水準を反映して変動するものを変動利付債といいます。物価に連動して利息や償還金額が変動

する物価連動債というものもあります。

一方，割引債とは，利払いがない代わりに，額面よりも低い価格で発行され，満期時に額面償還される債券のことです。投資家にとっては，発行価格と額面との差額が実質的には利息と同じ役割を果たします。

債券の発行市場

債券の発行市場の具体例として，国債の発行市場をみてみましょう。国債は，通常は市中発行方式に基づいて発行されています。国債を発行する時に，財務省が提示した発行条件に対して，金融機関などの入札参加者が入札することで，発行価格と発行額が決まります。このような方法を，価格（利回り）競争入札といいます。

国債の価格（利回り）競争入札には，2つの種類があります。1つはコンベンショナル方式と呼ばれるもので，この場合には入札者が入札した価格が発行条件となります。たとえば，額面100円の国債が，入札の結果，97円で発行されるとしても，もし入札者が98円で入札している場合には，自身の入札価格である98円で購入しなければなりません。もう1つはダッチ方式と呼ばれるもので，この場合には入札した価格にかかわらず均一の発行価格が発行条件となります。たとえば，さきほどの例だと，98円で入札したとしても，発行価格の97円で購入することができます。現在，40年債と物価連動債の発行でダッチ方式が，それ以外の多くの国債でコンベンショナル方式が，使われています（➡第4章）。

また，国債を安定的に発行したり，国債の取引や価格を安定化させるために，国債市場特別参加者制度（プライマリー・ディーラー制度）が設けられています。財務大臣が指定したプライマリー・ディーラーには，国債の安定的な消化の促進や流動性などの向上に対して役割を果たすことが求められ，責任（やるべきこと）と資格（特典）が与えられます。2022年12月時点で，野村證券や大和証券，みずほ銀行など計20社が指定されています。

個人向け国債の場合には，個人向け国債を取り扱っている金融機関の窓口において販売されています。これを個人向け販売方式といいます。この方式では，金融機関は国の委託に基づき，個人向け国債の取得の申し込みを一般の投資家

に勧誘し，販売しています。

債券の流通市場

　債券の流通市場は，取引所取引と店頭取引に分けられます。取引所取引では，証券取引所に上場されている銘柄（上場債）について，投資家からの売買注文が証券会社を通じて証券取引所に集められて売買が成立します。そのため，上場している債券しか売買できません。決済期間は，国債では2営業日め（T+1〔ティープラスワン〕）なので，たとえば水曜日に売買した場合，代金と証券の受け渡しは翌日の木曜日となります。一方，国債以外の債券では3営業日め（T+2〔ティープラスツー〕）なので，たとえば水曜日に売買した場合，代金と証券の受け渡しは2日後の金曜日になります。営業日の日数で数えるため，土日や祝日は除きます。

　取引所取引の特徴としては，取引条件が規格化されていること，売買委託手数料がかかること，売買されている価格が公開されること，などがあります。ただし，債券の取引所取引は少なく，さらにそのほとんどが国債なので，国債以外の取引所取引はきわめて少ないのが現状です。

　一方，店頭取引では，債券の売り手と買い手との間で，相対的な合意によって自由な取引が行われます。両者で取引が成立すればよいので，上場していない債券なども売買の対象となります。取引条件も自由ですし，通常は金融機関が取引相手になるので手数料も必要ありません（実際には金融機関は手数料込みの価格で売買しています）。なお，債券の売買のほとんどが店頭取引で行われています。決済期間は取引所取引と同じです。

　店頭取引は相対取引のため，いくらで取引されているのかが取引当事者以外にはわからないという欠点があります。そのため，店頭取引における正常な価格形成や投資家保護のために，金融機関は合理的な方法で算出された時価を基準として適切な価格で取引し，公平性を確保しなければならない，と定められています。また，取引されている価格の目安として，売買参考統計値発表制度があります。これは，日本証券業協会が指定する金融機関（証券会社など）から売買に関する情報を集めて，参考値をホームページなどで営業日ごとに公表する仕組みです。公社債の場合には，5社以上の金融機関が報告する銘柄（こ

れを選定銘柄といいます）の気配（売買を希望する価格）の平均値，中央値，最高値，最低値の4つを公表しています。また個人向け国債の場合には，それを取り扱っている金融機関ごとの価格を公表しています。

3 株式市場

株式市場

ここからは，長期金融市場のもう1つの市場である，株式市場について発行市場，流通市場の順にみていきましょう。

株式とは，株式会社が資金の出資者に対して発行する証券で，株式会社にとっては事業などに必要な資金を調達する手段の1つとなります。株式を発行したり売買する市場を，株式市場といいます（➡第4章，第5章）。

株式の発行市場

株式の発行市場に関して，株式が発行されるのは次の3つです。1つめは，それまで上場していなかった株式会社が，新たに証券取引所に上場し株式を公開する時です。新規上場による株式公開のことを，英語で IPO（Initial Public Offering）といいます。

2つめは，すでに上場している株式会社が，追加で株式を発行することで資金調達をする時です。これを増資といいます。増資をいつ行うかは企業自身の判断ですが，株価が比較的高い時や，逆に企業が倒産すれすれで資本金を増や

したい時に，増資が行われやすいといわれています。

　3つめは，株式会社が資金の払い込みを伴わない株式発行をすることで，発行済株式総数を増やす時です。これを株式分割といいます。たとえば，1：3の分割が行われる場合，100株持っている人には200株が割り当てられ合計300株持つことになりますが，一方で株価は理論的には3分の1になるので，実質的には変化がありません。ただし，発行済株式総数が3倍になり，株価が3分の1になることで，新たな投資家にとっては投資しやすく（少ない投資資金で1単元を購入できるように）なります。

　次に，株式の募集方法ですが，これも大きく3つの方法があります。1つめは公募で，広く一般の投資家から新株の買い手を募集する方法です。株式公開や増資の際に用いられる方法です。2つめは株主割当で，既存の株主に限定して株式を発行したり，既存の株主に保有株数に応じて優先的に新株引受権を与えて発行する方法です。株主割当は最近ではほとんど利用されていませんが，新たな資金調達方法として近年注目されている「ライツ・オファリング」は，この株主割当の一種といえます。3つめは第三者割当で，特定の第三者に対して新株を発行する方法です。増資の際によく用いられる方法で，割当先としては，銀行や証券会社といった金融機関や，業務提携や資本提携を結ぶ相手企業などが挙げられます。

┃ 株式の流通市場 ┃

　株式の流通市場に関して，株式には4つの取引方法があります。まず，その株式が取引所に上場しているかどうかで分けられ，もし取引所に上場していなければ店頭取引に分類されます。次に，その上場している株式を取引所で売買するかどうかで分けられ，もし取引所で売買しなければ取引所外取引に分類されます。さらに，上場している株式を取引所で取引する際に，通常のルールで売買するかどうかで分けられ，通常のルールで売買するものは立会取引に，通常のルールで売買しないものは立会外取引に，それぞれ分類されます。すなわち，株式の取引には，立会取引，立会外取引，取引所外取引，店頭取引　の4つの方法があります。以下では，この4つの取引についてみていきましょう。

❘ 立 会 取 引 ❘

　株式取引の1つめは，立会取引（立会内取引）です。立会取引とは，取引所において立会時間内に個別競争売買にて行う取引のことです。

　立会時間は，午前と午後に分かれており，午前の取引を前場，午後の取引を後場といいます。東京証券取引所では，前場は9時00分から11時30分まで，後場は12時30分から15時00分までです。なお，名古屋証券取引所，福岡証券取引所，および札幌証券取引所では，後場は15時30分までです。取引が始まって最初に売買が成立することを「寄り付き」，取引の終了時に最後に売買が成立することを「引け」，寄り付きと引けの間のことを「ザラ場」といいます。なお，前場の最後の取引を「前引け」，後場の最後の取引を「大引け」，といいます。

　売買の注文方法には，株価を指定しない成行注文と，株価を指定する指値注文の2つがあります。

　成行注文は，いくらでもいいから買いたい（売りたい）という注文なので，指値注文に優先します。このことを，成行優先の原則といいます。

　指値注文の場合，その株価によって優先度が変わります。買注文の場合にはより高い注文が優先されます（500円で買いたい人よりも，501円で買いたい人が優先されます）。一方，売注文の場合にはより安い注文が優先されます（500円で売りたい人よりも，499円で売りたい人が優先されます）。このことを，価格優先の原則といいます。

　さらに，同じ株価の指値注文の場合，より早く注文した方が優先されます（5分前に注文した人よりも，1時間前に注文した人が優先されます）。このことを，時間優先の原則といいます。

　立会取引においては，売買の注文は成行優先，価格優先，時間優先の順に従って処理され，取引が成立します。

❘ 立 会 外 取 引 ❘

　株式取引の2つめは，立会外取引です。これは，取引所のなかで，さきほど説明した立会取引とは異なるルールで取引するものです。たとえば，金融機関

などが大量の株式を売買したり，企業が自社株買いをしたりする時に，立会外取引を使います。もし大量の売買注文を立会取引で処理しようとすると，通常の取引に大きな影響を与えてしまうことがあるため，立会とは異なる取引をする必要があります。東京証券取引所は，1998年に立会外取引の電子取引システムであるToSTNeT（トストネット）を稼働させました。その後，2008年にはToSTNeT市場として独立した市場に発展させました。

取引所外取引

　株式取引の3つめは，取引所外取引です。これは証券取引所の外で，上場している株式を取引するものです。1998年に取引所外取引システムとして，私設取引システム（proprietary trading system: PTS）が認可されたことで可能になりました。PTSは，内閣総理大臣の認可を受けた証券会社などが開設する，既存の取引所（東京証券取引所など）とは異なる独自の電子取引の場です。2022年12月末時点では，SBI証券や楽天証券などでPTSでの取引が可能となっています。取引所外取引は独自のルールに基づいて注文処理されるので，立会取引のような価格優先や時間優先の原則はありません。また，立会時間も立会取引とは大きく異なっています。

店頭取引

　株式取引の4つめは，店頭取引です。店頭取引とは，取引所に上場していない店頭有価証券（いわゆる青空銘柄）を証券会社と取引することです。店頭有価証券のうち，一定レベル以上の情報開示をしている会社が発行しているものを，店頭取扱有価証券といいます。一定レベル以上の開示とは，有価証券報告書を内閣総理大臣に提出していること，証券会社が投資家に対して投資勧誘するための会社内容を記載した説明書を作成していることを意味します。財務情報などを公開している企業であれば，投資家もある程度の情報を入手できるので，証券会社が投資家に投資を勧誘することができます。なお，すべての証券会社が店頭取引を行っているわけではありません。

　店頭取扱有価証券のうち，証券会社が気配を提示したうえで，投資家に投資勧誘を行うことができる銘柄として，フェニックス銘柄があります。フェニッ

Column ❼　株式の投資指標を計算しよう

　近年，日本でも若い世代を中心に資産運用への興味が高まりつつあります。政府としても家計の金融資産を貯蓄から投資に振り向かせようと，NISA やiDeCo といった税制上有利な仕組みを導入または拡充しています。ここでは，株式に投資する際に知っておくべき投資指標を学びましょう（➡第 **5** 章）。

　EPS（earnings per share）は，1 株当たり当期純利益を意味し，当期純利益を発行済株式総数で割ることにより計算できます。たとえば，当期純利益が 1 億円で，発行済株式総数が 100 万株のとき，EPS は 100 円（＝1 億円÷100 万株）となります。

　PER（price earnings ratio）は，株価収益率を意味し，株価を EPS（1 株当たり当期純利益）で割ることにより計算できます。利益に対する株価の割高感をみるための指標で，数値が高い（低い）ほど株価が割高（割安）であることを示します。たとえば，株価が 1000 円で，EPS が 100 円のとき，PER は 10 倍（＝1000 円÷100 円）となります（単位は「倍」です）。

　BPS（book-value per share）は，1 株当たり純資産を意味し，純資産を発行済株式総数で割ることにより計算できます。たとえば，純資産が 8 億円で，発行済株式総数が 100 万株のとき，BPS は 800 円（＝8 億円÷100 万株）となります。

　PBR（price book-value ratio）は，株価純資産倍率を意味し，株価を BPS（1 株当たり純資産）で割ることにより計算できます。純資産に対する株価の割高感をみるための指標で，数値が高い（低い）ほど株価が割高（割安）であることを示します。たとえば，株価が 1000 円で，BPS が 800 円のとき，PBR は 1.25 倍（＝1000 円÷800 円）となります（単位は「倍」です）。

　配当利回りは，株価に対する配当金の割合を意味し，1 株当たり年間配当金を株価で割ることにより計算できます。配当に対する株価の割高感をみるための指標で，数値が高い（低い）ほど株価が割安（割高）であることを示します。たとえば，株価が 1000 円で，1 株当たり年間配当金が 40 円のとき，配当利回りは 4 ％（＝100×40 円÷1000 円）となります（単位は％なので，計算上 100 を掛けて計算します）。

　配当性向は，利益に占める配当の割合を意味し，1 株当たり年間配当金を 1 株当たり当期純利益（EPS）で割ることにより計算できます。数値が高いほど，利益の多くを投資家に配当として分配していることを示します。たとえば，1 株当

たり年間配当金が 40 円で，1 株当たり当期純利益（EPS）が 100 円のとき，配当性向は 40 ％（＝100×40 円÷100 円）となります（単位は％なので，計算上 100 を掛けて計算します）。

クス銘柄とは，以前は上場していたものの上場廃止になった銘柄のことです。上場廃止になってしまうと，その取引所では取引できなくなるため，株主にとっては換金の機会が失われてしまいます。そのような上場廃止になった銘柄を取引するために設けられた仕組みがフェニックス銘柄ですが，2022 年 12 月時点ではフェニックス銘柄はありません。また以前はグリーンシート銘柄というものもありましたが，18 年 3 月末に廃止されました。

証券取引所

　証券の発行や流通において，証券取引所は非常に重要な役割を果たしています。証券取引所は，株式や債券などの証券の取引を行う場所です。証券取引所の機能としては，証券取引の場所を提供すること，市場の公平性を維持すること，企業の上場基準を設定し上場の審査をすること，上場企業を監視すること，などが挙げられます。日本には 4 つの証券取引所があります。

　1 つめは，東京証券取引所（東証）で，本章冒頭のイントロダクションで説明したように，2022 年 4 月に市場区分が変更され，基本的には流通株式時価総額が 100 億円以上の大企業がプライム市場に，10 億円以上の中規模の企業がスタンダード市場に，5 億円以上の成長性を備えた企業がグロース市場に，それぞれ上場しています。それ以外にも，取引が金融機関などのプロの投資家に限定された Tokyo Pro Market や，債券市場などの株式以外の市場もあります。22 年 12 月末時点の上場企業数をみると，プライム市場で 1838 社，スタンダード市場で 1451 社，グロース市場で 516 社，Tokyo Pro Market で 64 社となっており，合計で 3869 社が上場しています。日本の上場企業は約 4000 社なので，そのほとんどが東証に上場していることになります。

　なお，以前は大阪に大阪証券取引所（大証）がありましたが，2013 年 7 月に東証と統合され，現在ではデリバティブ取引を中心に行う取引所（大阪取引所

といいます）となっています。

2つめは，名古屋証券取引所（名証）です。東証と同じく，2022年4月に市場区分の変更を行い，プレミア市場で178社（単独上場は3社，以下同様にカッコ内は単独上場企業数を表す），メイン市場で81社（41社），ネクスト市場で16社（14社），が上場しています（22年12月末時点）。上場企業の合計は275社ですが，多くの企業が東証にも重複して上場しているので，名証のみに上場している単独上場企業は58社となっています。

3つめは，福岡証券取引所（福証）で，本則市場と新興企業向けのQボード市場があります。2022年12月末時点で，本則市場で90社（19社），Qボード市場で17社（5社），の合計107社（24社）が上場しています。

4つめは，札幌証券取引所（札証）で，本則市場と新興企業向けのアンビシャス市場があります。2022年12月末時点で，本則市場で50社（9社），アンビシャス市場で10社（8社），の合計60社（17社）が上場しています。

POINT

- ■ 株式が発行されるのは，新規株式公開（IPO）や増資，株式分割が行われる時です。
- ■ 株式の取引には，立会取引，立会外取引，取引所外取引，店頭取引の4つがあります。
- ■ 証券取引所は株式などの証券を取引する場所ですが，日本の上場企業のほとんどが東京証券取引所に集中しています。

4 新たな金融取引

デリバティブ

ここまでは，既存の金融市場を分類しながらみてきました。近年ではこれらの既存の分類には収まりきらないような，新たな金融取引や金融商品が登場し，取引が拡大しています。本節では，デリバティブ，FX取引，暗号資産，クラウドファンディングを取り上げます。

デリバティブ（derivative）とは，金利や通貨，債券，株式といった伝統的な金融取引から派生して生み出された金融派生商品のことです。デリバティブに対して，そのもととなっている通貨や株式などの金融商品を原資産といいます。原資産の価格が変化することで，デリバティブの理論上の価格も変化します。デリバティブは原資産の受け渡しや売買に関する権利・義務を取引するものです。

　デリバティブを利用することで，原資産の将来の価格変動リスクを回避（リスクヘッジ）できますし，原資産の将来の値動きを予想して利益を得るような投機的取引（スペキュレーション）もできます。デリバティブの特徴としては，取引時点では貸借対照表（バランスシート）に計上されないオフバランス取引であること，少額の資金を証拠金として預けることでその何倍もの取引ができるレバレッジ（てこ）効果をもつこと，実際に損益が実現したときに差金決済を行うことなどがあります。

　ここではデリバティブのうち，代表的なものをみてみましょう。先渡取引は，フォワードともいいますが，ある金融商品を将来の一定期日に一定の価格で受け渡すことを前もって約束しておく取引です。先渡取引を行うことで，その金融商品が将来大きく値上がり（値下がり）することによるリスクを回避できます。先渡取引は，売り手と買い手が相対で取引を行う店頭取引なので，価格や数量などの取引内容も両者の間で自由に決めることができます。通貨や金利などを対象とした，さまざまな取引があります。

　先物取引は，フューチャーズともいいますが，先渡取引と同様の取引です。ただし，先物取引は種類や条件が規格化された商品を，取引所において不特定多数の間で取引を行う取引所取引です。日本では，長期国債を対象とする国債先物や，日経225平均株価や東証株価指数（TOPIX）を対象とする株価指数先物，円の短期金利を対象とする金利先物，などの取引があります。そのうち，国債先物と株価指数先物は大阪取引所で，金利先物は東京金融取引所で，それぞれ取引が行われています。

　スワップ取引は，将来の支払いや受け取りといったキャッシュフローを，取引当事者間で相互に交換する取引です。「交換する」を意味する英語のswapが語源となっています。代表的な取引としては，固定金利と変動金利の支払い

を交換する金利スワップや，ドル建てと円建ての支払いといった異なる通貨を交換する通貨スワップがあります。

　オプション取引は，将来の一定日または一定期間内に，あらかじめ定められた価格で，ある金融商品を売買する権利を売買する取引です。「権利」や「選択する」を意味する英語の option が語源となっています。買う権利のことをコール・オプション，売る権利のことをプット・オプションといいます。また，あらかじめ定められた価格のことを，権利行使価格（ストライク・プライス）といいます。コールでもプットでも，オプションの買い手はオプション料（プレミアムといいます）を売り手に支払って権利を手に入れますが，最終的にその権利を行使するか放棄するかを選択することができます。一方，オプションの売り手は，買い手からオプション料を受け取る見返りとして，買い手が権利を行使した時にはそれに応じる義務を負います。オプション取引には，店頭取引を行う店頭オプションと，取引所取引を行う上場オプションがあります。また，債券や株式などの原資産だけでなく，前述の国債先物や株価指数先物といった先物取引を対象とする先物オプションなどもあります。

｜ FX 取引 ｜

　FX 取引（外国為替証拠金取引）は，証拠金を差し入れて円やドルなどの為替相場を予測して売買を行うものです。外国為替を意味する英語 foreign exchange が語源となっています。FX 取引では証拠金を担保に借入を行う（レバレッジをかける）ことで，証拠金の何倍もの取引が可能になり，日本では個人投資家向けの FX 取引のレバレッジは最大 25 倍となっています。取引により損失が発生した時には，追加での証拠金の差し入れ（追証といいます）が請求されることもあります。証拠金を超えるような大きな損失が発生する可能性もあるため，ある一定以上の損失が発生した場合には，持ち高（売買後に決済していない建玉のことで，ポジションともいいます）を自動的に清算することで，損失を最小限に限定させるロスカットという仕組みがあります。

　FX 取引には店頭 FX と取引所 FX があります。店頭 FX は，投資家と FX 業者が直接に店頭取引をするものです。取引所 FX は，投資家が FX 業者の取次を通して取引所取引をするものです。日本における取引所 FX としては，東京

金融取引所に上場されている「くりっく365」があります。FX取引は，為替リスクだけでなく，FX業者自身の倒産などによるリスクもあるため，少なくとも金融商品取引法の登録を受けた業者と取引を行う方が賢明です。業者の信用力を慎重に判断し，信用できる業者と取引するように心掛けましょう。

▎暗号資産▎

　暗号資産は，インターネット上でやりとりできる財産的価値のことです。以前は一般的に仮想通貨と呼ばれていましたが，日本では2019年5月の資金決済法改正に伴い，暗号資産へと改称されました。資金決済法では，暗号資産を，①不特定多数の者に対して代金の支払いなどに使用でき，かつ法定通貨と相互に交換できる，②電子的に記録され移転できる，③法定通貨または法定通貨建ての資産（プリペイドカードなど）ではない，という3つの性質を備えたものと定義されています。暗号資産の特徴としては，中央銀行のような中央管理者が存在しないこと，発行量の上限や発行ペースが決まっていること，高度な暗号化技術やブロックチェーン技術を用いていることなどが挙げられます。

　暗号資産は，ビットコイン（BTC）と，ビットコイン以外のアルトコインの2つに分けられます。アルトコインには，イーサリアム（ETH）やリップル（XRP）などが含まれますが，その種類は1500種類以上ともいわれています。暗号資産は法定通貨ではなく，資産の裏付けがないことも多いため，投機的な取引の対象になりやすく，価格が大きく変動する傾向にあります。暗号資産のなかには，価格を安定させるためにドルなどの法定通貨と連動するようなもの（ステーブルコインといいます）もありますが，2022年にはテラ（TerraUSD）の暴落や関連企業の破綻などが起きています。

　暗号資産は，交換所や取引所と呼ばれる暗号資産交換業者と取引することで購入や換金ができます。2017年4月の資金決済法改正に伴い，暗号資産交換業者は金融庁への登録が義務づけられています。22年11月末時点で，日本には31の業者が金融庁に登録されており，代表的な業者としては，マネーパートナーズ，bitFlyer，コインチェックなどがあります。

　暗号資産を購入する場合，通常は取引所などで現物を購入しますが，前述のFX取引のように，取引所に証拠金を預けたうえでレバレッジをかけて暗号資

産を取引することもできます。これを暗号資産FXといいますが，きわめてリスクの高い取引となります。

　暗号資産は，企業などの資金調達に使われることもあります。それがICOです。ICOとは，initial coin offeringの略語で，新規に公開される暗号資産を使った資金調達のことです。企業等は独自の暗号資産トークン（トークンとは商品やサービスを受け取るために利用できるもののことです）を発行し，コストや時間を抑えて資金を調達することが可能になります。ただし，ICOに関する法整備は十分ではなく，詐欺的な事案も発生しているため，注意が必要です。

　ビットコインの登場以降，さまざまな暗号資産が次々に登場していますが，近年では企業や金融機関も暗号資産の発行に乗り出しています。日本では，SBIホールディングスの「Sコイン」，みずほFGの「Jコイン」，MUFGの「MUFGコイン」などがあります。変わったものとしては，三井物産が発行する「ジパングコイン」で，これは金を裏付け資産とする暗号資産です。また，暗号資産に使われているブロックチェーン技術を利用した地域通貨（特定の地域やコミュニティ内でのみ価値を持つ通貨）も登場しており，岐阜県の飛騨信用組合の「さるぼぼコイン」などがあります（➡第**2**章，第**11**章）。

┃ クラウドファンディング ┃

　これまでの金融の仕組みでは，銀行がお金の流れを仲介したり，証券会社が証券の売買を取り次いだりと，金融機関がお金を回す役割を果たしていました。最近では，より直接的にお金が流れていくような，新たな仕組みが登場しています。その1つがクラウドファンディングです。

　クラウドファンディングとは，crowd（群集）とfunding（資金調達）の造語で，多数の人々が少額の資金を個人や企業，プロジェクト（案件）に提供したり出資する仕組みのことです。資金の提供に対して，何らかのリターン（見返り）があることもあります。近年では，インターネット経由での取引が活発化しており，市場が拡大しています。

　クラウドファンディングは，商品やサービスなどを購入することで支援を行う「購入型」，金銭的なリターンを伴う「投資型」，金銭的なリターンを伴わない「寄付型」などに分けられます。

「購入型」では，企業や個人が発案したプロジェクト（商品やサービス）に対して支援者が資金を支援し，プロジェクト成立後に支援者にはリターンとしてその商品やサービスが提供されるので，実質的には商品やサービスを購入する仕組みといえます。代表的な事業者（サイト）としては，READYFOR，CAMPFIRE，Makuake などがあります。

「投資型」には，企業が個人投資家に未公開株を発行することで資金調達を行う「株式投資型」，事業者が個人投資家から集めた資金を企業に融資する「融資型」（ソーシャルレンディングともいいます），企業がある特定の事業に対して個人投資家から出資を募る「ファンド型」，などの仕組みがあります。

「寄付型」は資金を寄付する仕組みなので，基本的にはリターンは発生しませんが，お礼の手紙や写真などが支援者に届くこともあります。被災地の支援や社会貢献的な活動など，さまざまなプロジェクトがあります。また最近では，ふるさと納税にクラウドファンディングを活用する動きもみられます。

クラウドファンディングには，従来では資金調達が難しかった企業や個人に新たな資金調達の手段を提供したり，企業が新商品の発売前に消費者の反応を確認できるといった長所もある一方で，支援者に当初約束されたリターンが届かなかったり，提供した資金が当初の目的とは別の用途に使われるといったリスクもあります。

POINT

■ デリバティブとは金融派生商品のことで，先渡取引，先物取引，スワップ取引，オプション取引があります。

■ ビットコインの登場後，さまざまな暗号資産が登場しており，企業や金融機関が発行する暗号資産もあります。

■ クラウドファンディングの登場により，既存の金融機関を経由しない，お金の新たな流れが生まれてきています。

NEXT

　金融市場では，金融機関だけでなく企業や個人も取引に参加します。中央銀行も，例外ではありません。とくに，中央銀行にとっては日々の金融調節を実施したり，金融政策の方向性を決めるために，金融市場との関係は重要です。次章では，中央銀行の特徴や役割について取り上げます。

EXERCISE

□ 1　短期金融市場にはどのような市場がありますか。またそれぞれの市場はどのような特徴を持っているでしょうか。

□ 2　債券の取引には，どのようなものがあるでしょうか。

□ 3　株式の取引には，どのようなものがあるでしょうか。

読んでみよう　　　　　　　　　　　　　　　　　　　　　　　Bookguide ●

釜江廣志編［2015］『入門証券市場論（第3版補訂）』有斐閣
　→証券市場の理論や制度について，より深く学ぶことができます。
佐野修久［2022］『自治体クラウドファンディング──地方創生のための活用策』学陽書房
　→地方自治体によるクラウドファンディングを用いた地方活性化について知ることができます。
鈴木健嗣［2017］『日本のエクイティ・ファイナンス』中央経済社
　→公募増資やライツ・オファリングなど，日本のエクイティ・ファイナンスに関する実証研究について学ぶことができます。

第 **8** 章

金融を調節する中央銀行

中央銀行の金融政策

物価が上がっているね

どうすれば物価が下がるんだろう

中央銀行はどのような役割を果たしているのだろうか？

KEY WORDS

- ☐ 日本銀行
- ☐ FRB
- ☐ ECB
- ☐ 管理通貨制
- ☐ 公定歩合
- ☐ オペレーション
- ☐ モラル・ハザード
- ☐ マネーストック

　読者のみなさんは，日本銀行が金融緩和政策について維持や拡大を発表したというニュースをこれまで見聞きしてきたことでしょう。最近の金融政策の動向について，詳しくは第**9**章で説明します。本章では，金融政策とはどのようなものであるのかといったことを説明します。

　日本銀行（日銀）とは日本の中央銀行です。日本の景気の見通しがあまり良くない状況で生きてきた若い世代のみなさんにとって，金融緩和という言葉は聞き慣れたものでしょう。景気が良くない時は金融緩和，景気が上向くと金融引き締めを採用するのが中央銀行による金融政策の基本なのです。

CHART | 図8.1　中央銀行の3つの機能

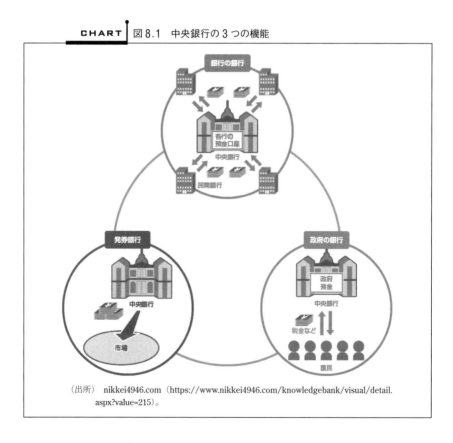

（出所）　nikkei4946.com（https://www.nikkei4946.com/knowledgebank/visual/detail.aspx?value=215）。

中央銀行については，中学生の時に通貨の番人だと学びましたね。そのほか，発券銀行，銀行の銀行，政府の銀行という役割も担っていて，中央銀行の機能としてこれらの機能を思い浮かべる人は多いと思います（図8.1）。日本など先進諸国の中央銀行はこれらの機能のうち，発券銀行と銀行の銀行という2つの機能を使って通貨の番人としての使命である物価安定を実現するべく金融政策を決めて，それに基づく金融調節を行っています。

　そのほか，最後の貸し手や金融システム全体を安定させる役割もありますが，本章では，中央銀行が担っている役割を解説するとともに，中央銀行が行う基本的な金融政策の流れについて解説します。

1 中央銀行制度

┃ 中央銀行は国に1つ？ ┃

　日銀は日本の中央銀行ですが，基本的には中央銀行は各国に1つずつあります。たとえば，イギリスにはイングランド銀行，中国には中国人民銀行といった具合です。少し変わった形としての中央銀行がある国・地域としてアメリカとEU（欧州連合）諸国の例を紹介します。アメリカには中央銀行の役割を担う連邦準備制度（Federal Reserve System: FRS）というシステムがあり，連邦準備制度理事会（Federal Reserve Board: FRB）のもとに12地区の連邦準備銀行（Federal Reserve Banks）と連邦公開市場委員会（Federal Open Market Committee: FOMC）で構成されています。EU諸国には，欧州中央銀行（European Central Bank: ECB）とEU加盟国中央銀行で構成される欧州中央銀行制度（European System of Central Banks: ESCB）という枠組みがあります。ただ，EU諸国には国内通貨としてユーロを採用しているユーロ圏と，ユーロに参加していない非ユーロ圏の諸国が混在します。ユーロ圏19カ国では，ECBとユーロ圏各国の中央銀行で構成されるユーロシステムが存在し，ユーロ圏で単一の金融政策が行われています。一方の非ユーロ圏では，各国の中央銀行によりそれぞれの通貨が発行され，独自の金融政策が許容されています。

ところで，香港では香港ドルという独自の通貨が発行されていますが，中央銀行と呼べる組織は存在しません。香港は為替相場をドルに固定したカレンシーボード制を採用しており，ドルを香港金融管理局に預託することで預託金に相当する香港ドルの発行が可能になります。また，実際にドルを預託し香港ドルを発行するのは民間の銀行3行（HSBC，中国銀行〔香港〕，スタンダードチャータード銀行）が担っていて，それぞれ異なるデザインの紙幣を発行・流通させています。なお，カレンシーボード制とは，為替政策における固定相場制度の一種で，国内に流通する自国通貨に見合った外貨を当局が保有する制度です。日本などのように裁量的に通貨を発行することが難しくなりますが，香港はカレンシーボード制をとっていたことで，1997年のアジア通貨危機の際にも固定相場を維持できたとされています。

▎中央銀行の生い立ち▎

　中央銀行はどのように成立したのでしょうか。世界で最も古くに設立されたのがスウェーデンのリクスバンク（1668年設立）とされています。はじめは民間銀行として設立され，後に中央銀行としての役割を果たすようになりました。ほぼ同時期に設立されたイングランド銀行（1694年）も民間銀行として設立され，対政府貸出を行うことにより銀行券の発行で優遇されるようになり，徐々に中央銀行としての地位を確立していきました。

　1882年6月に日本銀行条例が制定され，同年10月に日銀は業務を開始しました。当時の日本は，積極的な殖産興業政策と西南戦争により財政が悪化しており，大量の不換政府紙幣や不換国立銀行紙幣が発行されたことで，激しいインフレーションが発生していました。1981年に大蔵卿（現在の財務大臣に相当）に就いた松方正義が，緊縮財政により不換政府紙幣の回収を進め，欧州各国の中央銀行を参考にして，兌換銀行券（図8.2）を一元的に発行する中央銀行を創設し，通貨価値を安定させようとしました。併せて中央銀行を核とした銀行制度を整備し，近代的な信用制度を確立することが不可欠であると提議したのです。すなわち，日銀は構想段階から中央銀行としての役割を果たすために設立された銀行です。

　アメリカでは，1913年の連邦準備法によりFRBとFOMCおよび連邦準備

図8.2　最初の日本銀行券（日本銀行兌換銀券）

表　　　　　　　　　　　　　　　裏

（出所）「お札と切手の博物館」ウェブサイト（国立印刷局）（https://www.npb.go.jp/ja/museum/
tenji/gallery/daikoku.html）。

銀行からなるシステムとしての中央銀行が設立当初に確立しました。

　中国では，1948年に中央銀行として設立された中国人民銀行が，民間銀行
と同様の預金や貸出の業務を行っていました。70年代末の改革開放路線の確
立により，金融改革の中心として中央銀行の確立をめざしはじめます。国務院
が中国人民銀行の業務のうち民間の銀行業務について，四大国有銀行（中国銀
行，中国農業銀行，中国建設銀行，中国工商銀行）を設立して引き継がせていくな
かで，中国人民銀行の中央銀行化が進んでいきました。95年に中華人民共和
国中国人民銀行法が制定され，中央銀行に特化することが規定されました。

POINT

- ■　中央銀行は国に1つが基本です。
- ■　ユーロ圏やアメリカの中央銀行は，中央銀行単体ではなくシステムになっています。
- ■　中央銀行の設立経緯は国によってさまざまです。

 ## 管理通貨制と中央銀行

管理通貨制への移行

　通貨発行の仕組みはどのようになっているのでしょうか。1930年代までは，

各国は金本位制という通貨制度を採用していました。金本位制のもとでは，正貨としての金は中央銀行に保管され，金兌換することができる兌換銀行券が通貨として流通していました。金本位制には，インフレーションの抑制や国際収支を均衡させる効果があると考えられています。しかし，第一次世界大戦によって各国は金輸出を禁止し，兌換が停止されることになりました。戦後，各国は金本位制に復帰しましたが，世界大恐慌によって再び金輸出が禁止されたことで，金本位制は終焉を迎えていきます。31年にイギリスや日本などが，33年にアメリカが金本位制から離脱していきました。

　そもそも金本位制は金の採掘量に制約があることから，各国の経済成長が続けば，金の量が足りなくなるので，物価を下落させる必要性が生じます。あるいは，自国通貨の金兌換の比率（金平価）を切り下げることもできますが，国内の金準備を流出させないためには高金利政策が必要となり，国内的な均衡と対外的な均衡を両立させることが難しくなります。

　各国の通貨制度は1930年代から国内的には**管理通貨制**となり現在まで続いていますが，第二次世界大戦後の国際通貨システムはブレトンウッズ体制といい，金ドル為替本位制が70年代まで続いていきました。アメリカは各国通貨当局と金1オンス＝35ドルという公定価格でドルと金を交換する一方，アメリカ以外の各国は金の代わりに米ドルを保有したうえで，通貨をドルとの固定相場としました。この間，日本では1ドル＝360円の為替平価が維持されました。しかし，アメリカはドル防衛のため71年に金とドルの交換を停止（ニクソン・ショック）し，73年までに各国は変動相場制へと移行します。78年にはIMF（国際通貨基金）協定においても金の公定価格が廃止され，国際的な場面においても金本位制は消滅しました。

管理通貨制の通貨供給

　管理通貨制においては，金などの本位貨幣の量に制約を受けずに，中央銀行が裁量的に通貨を供給できるようになりました。各国に流通する紙幣は一部の例外を除きその国の中央銀行が一元的に発行していますが，中央銀行が直接的かつ自在に国内の通貨量をコントロールすることができることにはなりません。なぜなら，通貨とは中央銀行の発行する紙幣だけではなく，銀行が顧客への貸

出の際に創り出す預金通貨が圧倒的に多いからです（➡第3章）。中央銀行が金融緩和によって金利を下げたり，銀行の中央銀行当座預金残高を増やしたりしたとしても，銀行が顧客に対し信用創造による貸出をどの程度増やすかまでは，コントロールできないのです。

　紙幣に代表される現金通貨と普通預金や当座預金である預金通貨の関係はどうなっているのでしょうか。信用創造の説明をする際によく用いられるのが，本源的預金と派生的預金の説明です。すなわち，最初に預金者が現金を銀行に持ち込み預金（本源的預金）すると，その現金を支払準備として銀行が信用創造を行い，顧客の口座に預金（派生的預金）を創造して貸出を行うというものです。しかし，最初の預金者が銀行に持ち込んだ現金はどこから来たのかという疑問に突き当たります。銀行には資本金があるため支払準備があるのが前提として，新たな通貨が供給される際には，まず貸出による信用創造によって預金通貨が創出されます。その後，中央銀行によって供給された中央銀行当座預金が銀行部門内の資金決済に利用されたり，銀行の顧客の預金の払戻要求に従って必要となる現金を引き出したりします。新たな通貨の供給の流れとしては，顧客の預金通貨の需要に応じて受動的に銀行が貸出を通じて預金通貨を創り出し，中央銀行もまた銀行部門の需要に応じて受動的に中央銀行当座預金や紙幣を供給することになるのです。その意味で，預金と貸出はどちらかが先に生み出されるものではなく，銀行や中央銀行の資産と負債の両サイドにおいて同時に増えていくことになります。

POINT

■　通貨発行の仕組みは管理通貨制といいます。
■　管理通貨制では，中央銀行が裁量的に通貨を発行しています。
■　銀行では信用創造が行われています。

③ 中央銀行の役割と機能

▌中央銀行の基本的な役割：物価の安定 ▌

　中央銀行はなぜ存在するのかと問われたら，あなたはどう答えますか。時代や国・地域により中央銀行に課された目的や役割はさまざまです。経済を成長させるためであったり，雇用を維持することや為替相場を安定させることがその目的になっている場合もあります。日本の場合，日本銀行法において日銀が唯一の発券銀行であり，物価の安定のための金融政策を行い，決済システムを含む金融システムを安定させる使命があると規定されています。アメリカでは，連邦準備法において FRB と FOMC に対し物価の安定と金融システムの安定のために適度な長期金利を維持することのほかに，雇用の最大化が規定されています。ESCB では，第一義的な政策目的が物価安定の維持であり，物価安定の目的に反しない限りにおいて EU の全般的な経済政策を支持するとされています。

　いずれにしても中央銀行の最大の使命は物価の安定にあります。物価が上昇すれば，それは通貨価値の下落を意味し，逆に物価が下落すれば，通貨価値の上昇を意味します。いずれの場合でも経済活動をするうえで困った問題です。レストランで食べるランチが昨日まで 500 円だったのに，今日は 600 円になっていたらどう思いますか。ランチが高くなるのは困るし，500 円ではランチが食べられないとなるとお金の価値が下がった気分になりますよね。レストランも原材料の価格や従業員への給料などが上がって，苦渋の決断で価格を変更したのかもしれません。ランチの価格が下がった場合，ランチを食べる方はうれしいと思う一方で，レストランは自分の利益を削って価格を下げたのかもしれません。ランチの価格がいつも同じであることはいろいろな意味で安心できますが，それは世の中のさまざまなものや給料などが変わらない場合の話です。

　中央銀行はお金の価値を安定させることで，物価を安定させようとしています。また，お金の価値は金利で表すことができます。金利は，当該金融商品に

対する需要と供給で決定されるので，金利はお金の価格であるということもできます。中央銀行は物価の安定という役割を果たすべく，市場に出回るお金の量であるマネーストックを調整するために金利を誘導しているのです。

▌発券銀行▐

日本で使われている通貨は日銀が発行しています。お札をみてみると「日本銀行券」と印刷されているのがその証拠で，法律で日本の法貨と決められています。日銀は市中銀行が日銀に持つ当座預金を現金として引き出した際に，現金を供給することになります。市中銀行はこれを窓口やATMを通じて世の中に供給するのです。

中央銀行券の主原料は紙ですのでせいぜい数十円の原価でしょうから，中央銀行は発券によりずいぶん儲けていると考える方もいると思います。しかし，管理通貨制のもとでの発券は，市中銀行の持つ資産である中央銀行預け金を現金という資産に変化させているのです。中央銀行の側からみた場合は，負債である当座預金が銀行券に変化しているだけです。つまり発券による利益はこの過程では生じていません。日銀の利益の多くは，無利子の負債である銀行券の発行と引き換えに保有する有利子の資産である国債や貸出金などから発生する利息収入で，こうした利益を通貨発行益といいます。またこの利益のうち，経費や税金などを支払った後に残る最終的な利益は，日銀を含む多くの中央銀行では国民の財産として国庫に納入されています。

▌銀行の銀行▐

私たち個人や企業は銀行に預金口座を開設して，普通預金口座で給料を受け取ったりその預金を使って決済を行ったり，普段使わない一定額を定期預金としたりしています。私たちの預金を扱う銀行は中央銀行に当座預金を開設して預け入れたり借り入れたりするだけでなく，政府や他の金融機関との間でこの当座預金を使った振替を行っています。

日銀には私たちの訪れる銀行と同様のカウンターがあり，日銀に口座を保有する金融機関に対して窓口業務を行っています。中央銀行にある金融機関の預金は当座預金で，通常無利子です。金融機関はこの当座預金を金融機関の現金

支払準備として利用し，必要に応じて現金を引き出したり，預け入れたりしています。私たちの生活のなかでは，スマートフォンによる決済などキャッシュレス決済が普及し，自分の預金口座から現金を引き出しに銀行を訪れることは減ってきました。振込が必要であれば，パソコンやスマートフォンからネットワークを使って振り込むサービスもあります。これと同様に，日銀と金融機関との間，あるいは金融機関同士の間の資金貸借や債券の売買に伴う資金決済などの多くは，日銀ネット（日本銀行金融ネットワークシステム）というシステムを用いてオンラインで行われています。

　このほか，日銀は金融機関に対し手形割引や手形貸付による信用供与を行い，金融市場における金融機関の資金過不足の最終的な調整役となっています。手形割引は，金融機関が取引先企業から割り引いた手形を日銀が再割引するものです。手形貸付は，金融機関の保有する手形や債券を担保にして，金融機関が日銀に宛てて約束手形を振り出すことでなされます。この手形貸付で適用される金利のことを「公定歩合」といいます。

　なお，「銀行の銀行」といった場合，市中銀行の監督の役割を果たすという意味で使われる場合もありますが，こちらは最後の貸し手機能で説明します。

┃ 政府の銀行 ┃

　多くの中央銀行では政府のお金である国庫金の受け払いをしています。私たちは銀行の窓口や口座振替を通じて税金や社会保険料を支払っています。銀行はこのお金を中央銀行の当座預金を通じて，中央銀行内にある政府の預金口座へ入金します。また，公共工事や公務員への給料などで政府からお金が支払われる場合，中央銀行にある政府の預金口座から銀行を介して企業や個人の口座に入金されます。

　日本政府の国庫金の出納も，日銀にある政府預金と呼ばれる預金勘定を通じて行われています。国庫金の出納は，一般会計から特別会計への繰り入れなどの国庫内振替収支，日銀との国債売買などによる国庫対日銀収支，国庫と民間との資金の受け払いである国庫対民間収支に分類できます。国庫対民間収支では日銀にある政府預金と民間金融機関の日銀当座預金との間で資金の振替により受け払いが行われており，日銀当座預金残高に変化が生じることになります。

政府が年金や公共事業費の支払いを行う際には，政府預金から民間金融機関の日銀当座預金を通じて個人や企業の口座に資金が振り込まれます。このように対民間収支で支払超過となった場合のことを「払い超」または「散超」といい，金融市場における資金余剰要因となります。逆に，納税の際に担税者によって金融機関で手続きが行われたことが日銀に通知されると，日銀当座預金から政府預金への振替が行われ，対民間収支で受取超過となった場合のことを「揚げ超」といいます。以上のように日銀当座預金残高の増減が財政資金の受け払いによってなされることを，財政等要因といいます。なお，日銀当座預金残高の変動が銀行券の発行や還収による場合のことを銀行券要因といいます。

　財政等要因や銀行券要因による日銀当座預金残高の増減は，政府や民間部門の経済活動の結果を反映したもので，短期的には日銀にも民間金融機関にもコントロール不可能です。これらの外生的要因による銀行の資金過不足は，金融市場における日銀の日々のオペレーションを通じて調節されることになります。

最後の貸し手機能

　銀行などの金融機関が倒産してしまうと，経済に対し非常に大きなショックを与えます。企業が倒産するのはどのような場合でしょうか。売上不振や放漫経営などにより収入が減り，取引先への支払いの際に資金繰りに困って，支払うべきものが支払えない場合に倒産してしまうことが多いのではないでしょうか。金融機関もこれと同じで，銀行であれば預金というのは銀行にとって負債であり，預金者の要求に従って支払うべきものです。ただし，金融機関の場合には，金融市場で多額の資金が金融機関同士でも取引されています。もし，金融機関が経営危機に陥ってしまうと，その金融機関と取引のある人々や企業の決済などの機能が麻痺するだけでなく，他の金融機関の経営にも影響を与え，さらにその金融機関と取引のある金融機関へと連鎖的に決済などの機能不全が波及していくことになります。このように個別の金融機関の支払不能などによって他の金融機関や金融市場，ひいては金融システム全体に機能不全が波及してしまうリスクのことをシステミック・リスクといいます。

　システミック・リスクを回避するためには，資金不足に陥りそうな金融機関に対して資金供給しなければなりません。何らかの理由で一時的に流動性不足

に陥った金融機関に対しては，他の資金供給の主体が存在しない場合に，中央銀行が文字どおり最後の貸し手（Lender of Last Resort: LLR）として一時的な資金の貸付をします。何らかの理由とは，単に経営状態が良くないとか赤字経営が続いているといった類の理由だけでなく，それが真実でなく単なる噂であった場合でも生じます。人々が取引のある金融機関の経営に疑念を抱き預金や保険を一刻も早く解約しようと店舗に殺到することを取り付け騒ぎといい，たとえ健全な経営をしている金融機関であっても起こりうるのです。1973年の経営上の問題がなかった豊川信用金庫の事例では，市民の噂が伝言ゲーム式に広がり，実際に取り付け騒ぎに発展しました。

　銀行にとっての経営上の疑念は，たとえば銀行にとっての資産である貸出の不良債権化で生じます。銀行は預金を受け入れ貸出をして，その金利の差である利ざやで儲ける仕組みで，その基本的な業務である貸出で，想定以上の回収困難な債権が発生してしまうと経営状態を悪化させることになります。回収困難な不良債権を最終的に処理するために自己資本を取り崩すことが考えられますが，銀行には銀行法により自己資本比率規制が適用されているため，一定の自己資本を維持しなければならないといった事情もあります。このような状況で取り付け騒ぎに発展した場合，銀行はコール市場など金融市場で資金調達しようとしますが，経営状態が著しく悪化した銀行に対して資金の出し手は存在しないでしょう。1997年，金融危機の際に北海道拓殖銀行はこのように資金調達が困難となったことで，破綻という結末を迎えたのです。

　中央銀行の最後の貸し手機能は，W.バジョットによって提唱されました。他行の破綻により健全な銀行が連鎖的に破綻することを阻止するために，また，モラル・ハザードを防ぐために，中央銀行は通常よりも高い金利で優良な担保に基づき無制限に貸付をするというもので，バジョット・ルールと呼ばれています。モラル・ハザードとは，この場合，国が金融危機や経営危機に陥った銀行に対して公的資金を投入して損失を補填することになると，預金が国に保護されていると感じた預金者が銀行経営の健全性に関心を示さなくなる一方，銀行も厳格な審査をせず，ハイリスクな融資をしてしまうようなことをいいます。このようなことから，健全な金融環境を維持するためには，セーフティ・ネットは最小限に止めるべきだとの指摘もあります。

日銀の最後の貸し手機能としての資金供給は，日本銀行法第33条により，通常は手形や国債等を担保として行われます。ただし，コンピュータのシステム障害など偶発的な原因で，金融機関が予見できない流動性不足に陥った場合（同法第37条）や，金融システム安定のために政府から要請があった場合（同法第38条）には，担保をとらないなどの特別な条件で貸付を行います。この特別な条件での貸付を日本銀行特別融資（日銀特融）といいます。日銀では，次の原則に基づいてその可否が判断されています。①システミック・リスクが顕現化する恐れがあること，②日銀の資金供与が必要不可欠であること，③モラル・ハザード防止の観点から，関係者の責任の明確化が図られるなど適切な対応が講じられること，④日銀自身の財務の健全性維持に配慮すること，というものです。

　なお，中央銀行の最後の貸し手機能とは別に，政府が公的資金を使って，経営危機に陥った金融機関の資本を増強したり，他の金融機関と合併を促すことで救済したりするケースもあります。金融機関が破綻してしまった場合には，預金保険制度によるペイオフという制度で預金者を保護する制度もあります。日本の預金保険制度では，当座預金や利息の付かない普通預金などは全額保護の対象となる一方で，定期預金や利息の付く普通預金などは，預金者1人当たり元本1000万円までと破綻日までの利息が保護の対象となっています。これら以外の預金は，破綻した金融機関の残余財産の状況に応じて支払われることになります。

ミクロ・プルーデンスとマクロ・プルーデンス

　中央銀行の目的には，物価の安定と並び重要なものとして金融システムを安定させることが挙げられます。お金は私たちの経済活動にとって必要不可欠な役割を果たしており，金融市場や金融機関を通じてお金の貸し借りや決済をしている金融システムを安定させることはとても重要なことです。そのためには個別の金融機関に対する監督機能だけでなく，金融システム全体の安定を図ることを目的として中央銀行や日本の金融庁のような行政機関が協力して金融機関の経営が健全に行われているかどうかをチェックすることも重要なのです。たとえば日銀では，銀行や証券会社など個別金融機関の業務実態やリスク管理

の状況などについて金融機関へ立ち入って調査する「考査」と，ヒアリングや資料の分析などで調査する「オフサイト・モニタリング」を行っています。このように個々の金融機関の経営の健全性を促すミクロ・プルーデンスの視点に加え，金融システムを全体として捉えてリスク管理をするマクロ・プルーデンスの視点も踏まえた対応も重要です。

マクロ・プルーデンスを重視する動きは，日本のバブル発生から崩壊に至る過程などさまざまな金融危機を経て強まってきました。とくに 2008 年のアメリカのリーマン・ブラザーズの破綻により，金融危機の再発を防止するためには，金融システム全体のリスクの状況を分析・評価し，システミック・リスクの顕在化防止に向けた施策を講じることが重要であるとの認識が，国際的に広く共有されるようになっています。個別の金融機関にとってはリスクは限定的であったとしても多くの金融機関が同様のリスクテイクを行っていれば，想定以上の市場価格の変動や信用の拡大と収縮が引き起こされて，金融システム全体を不安定化させるリスクがあります。また，デリバティブ取引などの金融技術やヘッジファンドなどの多様な機関投資家が金融市場に登場してきたことで，金融システムのどこにどれだけのリスクが内包されているのか正確に把握することが困難になってきています。

マクロ・プルーデンスの考え方を実践するうえでは，リスクの所在や関連性などとともに，リスクが時間の経過によってどのように変化していくかについても分析・評価し，対応する必要があります。たとえば，金融機関に対し将来の潜在的な損失に備えるための十分な資本を持つことを促したり，資本流出入に際して制限をしたりするといった対応が挙げられます。このような対応をしていくために，中央銀行と政府といった各国レベルの対応だけでなく，中央銀行の持つグローバルな中央銀行間のネットワークを活用したり国際決済銀行（BIS）などの国際金融機関との連携をしたりすることも重要です。

4 金融政策

3つの金融政策手段

　中央銀行はどのように金利をコントロールし，世の中の通貨の量，すなわち**マネーストック**を変化させるのでしょうか。その方法を金融緩和や金融引き締めといい，これらを実行するため，3つの代表的な金融政策手段があります。すなわち，公定歩合の変更，公開市場操作，預金準備率の変更です。これらの手段は，単独で行われる場合もありますが，組み合わせて行われている場合もあります。また国や時代により使われない手段も出てきています。以下では，これらの金融政策手段についてみていきます。

公定歩合

　公定歩合は中央銀行が市中銀行へ貸し出す際に適用される金利で，市中銀行からすれば中央銀行から借り入れることで資金調達をする際の金利ということになります。銀行の代表的な資金調達は預金者からの預金の受け入れですが，中央銀行からの借入も資金調達といえます。通常時において銀行は貸出金利から預金などの調達金利を引いた利ざやで利益を得ています。したがって，公定歩合が変化すれば貸出金利や預金金利も変化するということになります。公定歩合を上げることを金融引き締めといい，これによって貸出金利や預金金利が上昇することから，景気を抑制したい時に行います。逆に公定歩合を下げることを金融緩和と呼び，景気を刺激したい時に行います。

　ところで，日銀のウェブサイトをみてみると，公定歩合という言葉が見当たりません。現在の日本をはじめとする先進諸国では金利が自由化されており，市中銀行は通常時において短期金融市場で他の金融機関との間で市場で決定された金利で資金貸借をしています。このため公定歩合と各種金利との連動性がなくなったため，中央銀行は短期金融市場における金利に誘導目標水準を設け，これを政策金利として公表しています。日銀ではこの政策金利を無担保コール

レート（オーバーナイト物），アメリカ FRB ではフェデラルファンド（FF）レートとしています。なお，日銀ではかつての公定歩合を基準貸付利率と呼び，補完貸付制度の適用金利として，銀行の調達金利である無担保コールレートが上昇した際の上限を画する役割となっています。補完貸付制度とは，短期金融市場の金利が何らかの理由により基準貸付利率を超えて上昇し，金融機関の資金調達に困難をきたした場合，日銀があらかじめ定めた条件で，金融機関からの申し込みを受けて，担保の範囲内で受動的に実施する貸付制度で，2001 年に導入されたものです。

公開市場操作

中央銀行は政策金利である短期金融市場の金利をどのように誘導目標水準に誘導するのでしょうか。これを行うのが金融政策手段の2つめである公開市場操作（オペレーション）で，中央銀行が金融市場で金融機関を相手に債券を売買します。中央銀行が債券を売却（売りオペレーション）すれば，金融機関からお金を吸収することになり，短期金融市場への資金供給を減少させることで短期金利を上昇させます。逆に中央銀行が債券を購入（買いオペレーション）すれば，短期金利を低下させることになります。

日本や欧米諸国では，金融機関の資金調達の場は主として短期金融市場になっていることは上述しましたが，そのため，中央銀行が公開市場操作を通じて中央銀行当座預金残高を調節することで，金融市場の通貨量を調節することが金融政策手段の柱となっています。

預金準備率

3つめの金融政策手段は預金準備率の変更です。市中銀行は預金者から受け入れた普通預金や定期預金などのそれぞれ一定率を中央銀行にある自らの当座預金に預け入れておくように決められています。この一定率のことを預金準備率といいます。中央銀行の当座預金は基本的に付利されませんので，銀行にとっては貸出などの運用に充てられないためコストと考えられます。この預金準備率を変更することで，銀行が貸出などの運用に充てられる資金量を調整することができるのです。しかし，上述したとおり短期金融市場を通じて金融機

(単位：%)

		1986年7月1日	1991年10月16日
定期生預金 （譲渡性預金を含む）	2兆5000億円超	1.75	1.2
	1兆2000億円超 2兆5000億円以下	1.375	0.9
	5000億円超 1兆2000億円以下	0.125	0.05
	500億円超 5000億円以下	0.125	0.05
その他の預金	2兆5000億円超	2.5	1.3
	1兆2000億円超 2兆5000億円以下	2.5	1.3
	5000億円超 1兆2000億円以下	1.875	0.8
	500億円超 5000億円以下	0.25	0.1

（出所）　日本銀行ウェブサイト（https://www.boj.or.jp/statistics/boj/other/reservereq/junbi.htm）。

関の資金調達が行われている国々では，金融緩和や引き締めの手段として準備預金制度は利用されなくなり，日本でも1991年10月を最後に預金準備率は変更されていません（表8.1）。

　預金準備率を変更していないからといって，銀行に対し必要な準備預金を維持させる準備預金制度の重要性は変わりません。銀行が決められた預金準備率を守るために必要な資金を調達できるように，日銀はオペレーションによって短期金融市場における資金需給を安定させ，同時に政策金利を適切な水準に誘導したのです。もっとも，2001年からの量的緩和政策（06年まで）や13年からの量的・質的緩和政策の期間においては，日銀は潤沢な資金供給を行ったため，多くの金融機関が法定準備を超える超過準備を持つことになりました。このため日銀は，超過準備に一定の金利を付す補完当座預金制度により，短期金融市場金利との金利差が生じた際には金融機関の裁定行動（裁定とは，同じ性質の金融商品に価格〔金利〕差が生じた際に，価格の低い商品を買って高い商品を売ることで収益を得る取引です）を通じて短期金利を一定の範囲内で推移するように促しています。

なお，金融市場の整備が十分でない国では金融政策手段として預金準備率も利用されていて，たとえば中国の預金準備率の変更のニュースを時々目にします。預金準備率は普通預金，定期預金，外貨預金などといった預金種別や，銀行の規模の大きさによって準備率をそれぞれ設定することができますので，対象を絞って濃淡をつけた緩和や引き締めを行うことができる利点もあります。

POINT

■　中央銀行は金融政策によってお金の量を変化させて経済に影響を与えます。
■　先進諸国ではオペレーションが重要な金融政策手段となっています。

NEXT

　本章は，基本的な中央銀行の役割と金融政策を中心に述べてきました。次章では，2008 年世界金融危機以降の世界的な不況に対応するために，世界各国の中央銀行で採用された新たな金融緩和政策について説明します。

EXERCISE

□ 1　各国の中央銀行の役割について整理してみましょう。
□ 2　日本ではなぜ，公定歩合の役割が小さくなっていき，公定歩合がなくなったのか考えてみましょう。

読んでみよう　　　　　　　　　　　　　　　　　　　Bookguide ●

日本銀行金融研究所編［2011］『日本銀行の機能と業務』有斐閣
　→日銀はどのような仕事をどのように行っているのか，日銀のすべてがわかる本。

第**9**章

超低金利時代の中央銀行

非伝統的な金融政策

非伝統的な金融政策とはどのようなものだろうか？

KEY WORDS

- □ 量的緩和
- □ フォワード・ガイダンス
- □ 信用緩和政策
- □ ゼロ金利政策
- □ アベノミクス
- □ 国 債
- □ マイナス金利
- □ テーパリング

　日本の金利は非常に低い状態が続いてきました。2022年末時点で，ネット銀行などを除く多くの銀行の普通預金金利は0.001%，定期預金ですら0.002%程度となっています。貸出金利も同様に低くなっており，私たち個人が利用する住宅ローン金利は，1%を下回る金利を提示する銀行も現れました。金利が低いことで，お金は借りやすくなりますが，資産運用での運用先に悩むかもしれません。この際，リスクはありますが，みなさんの人生を豊かにするためにも銀行預金以外の金融商品に投資をすることを真剣に考えた方がよいかもしれません。金利が低いのは，そもそも日本銀行の金融緩和政策によるもので，本章ではこのことについて学習します。

　しかし，このまま超低金利の状態が続くのでしょうか。アメリカの連邦準備制度理事会（FRB）や欧州中央銀行（ECB）は，2022年から政策金利を引き上げています。日本では23年はじめに，黒田日銀総裁の任期満了により4月に新たに植田新総裁が就任するというニュースがありました。これに関連して，日銀もそろそろ金利を引き上げるのではないかというニュースがみられました。世界中で行われた大規模な金融緩和が出口を迎え，正常化していくのか注目されるところです。しかし，日本や世界各国の金融政策がどうなるかは，中央銀行総裁が誰になるかということだけで大きく変わることはないでしょう。中央銀行による金融政策は，その国の景気がどうなるかによって，変わっていくことになります。

　本章では，超低金利時代における中央銀行の非伝統的金融政策について解説するとともに，それによってどのような効果や影響があるのかを考えます。

1　日本銀行の非伝統的金融政策

非伝統的金融政策の始まり

　前章で学んだ金融政策は，いわば通常時の金融政策であり，これを伝統的金

融政策とするならば，本章で学ぶ金融政策は非伝統的金融政策ということができます。日本をはじめとする先進国の伝統的金融政策では，公開市場操作（オペレーション）によって短期金融市場の資金需給を調節することで，短期金利を誘導目標に近づける操作を行っていました。ところが，2008 年の世界金融危機以降，日本をはじめ世界中で景気停滞期が長期間継続したことで，その間にもさらなる金融緩和を行う必要性が生じてきました。名目金利はマイナスにはなりえないという非負制約があるとされてきたため，中央銀行は金利以外の手段で金融緩和を行う必要が生じたのです。なお，その後，政策金利についても各国でマイナス金利が現実のものとなっていくことになりました。マイナス金利政策については，09 年にスウェーデンの中央銀行であるリクスバンクが導入し，その後，デンマーク国立銀行（12 年），ECB（14 年），スイス国立銀行（14 年）でも導入されていきました。

　非伝統的金融政策を分類すると，上述したマイナス金利政策のほか，量的緩和政策，時間軸政策，信用緩和政策の 4 つに大別できます。**量的緩和政策**とは，金融調節の際に中央銀行当座預金残高やマネタリーベースなどの通貨の量に操作目標を設定しそれを拡大するものです。これにより金融システム全体の流動性を増やすことができ，金利を低い水準で安定させたり，金融システムの安定を促すことが期待されます。

　次に，時間軸政策とは**フォワード・ガイダンス**ともいい，量的緩和政策などの継続する長さに着目した政策です。将来にわたる一定期間，政策を維持することを明確に示すことにより，金融システムや経済に安心感を醸成し，中長期の金利の安定につなげて政策の効果を高める意図があります。

　信用緩和政策とは，リーマン・ショック後の金融市場の混乱や信用の低下を軽減するため，FRB が始めた政策であり，中央銀行が社債や証券化商品などのリスク資産を買い取ることで，資産価格の上昇や金利の低下を図る政策です。金融市場への資金供給という広い意味合いがある量的緩和政策と区別する意図で使用された言葉です。なお，日本銀行はリスク資産の買い取りのことを，信用緩和ではなく質的緩和と表現しています。

　日本では，1990 年代前半のバブル崩壊により金融緩和が始まりましたが，景気は本格的に回復せずデフレが進行しました。90 年代後半には未曾有の金

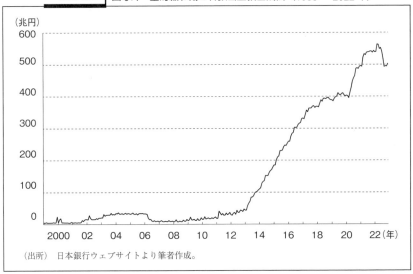

（出所）　日本銀行ウェブサイトより筆者作成。

融危機に直面したうえ，デフレ下での金融緩和で政策金利は徐々に低下し，99年からは「ゼロ金利政策」が実施されることになりました。ゼロ金利政策では，政策金利である無担保コールレート（オーバーナイト物）をできるだけ低め，すなわちほぼ0％で推移するよう促すこととされました。その後，当時の速水日銀総裁は，デフレ懸念の払拭が展望できるまでゼロ金利政策を継続するとし，時間軸政策であることを表明しました。ただし，この段階で日銀はインフレ・ターゲットを導入していなかったので，金融市場などからの信認は必ずしも強いものではありませんでした。

　続いて，2001年には「量的緩和政策」が開始され，金融市場調節の主たる操作目標が，無担保コールレートという短期金利から日本銀行当座預金残高に変更されました。この間の日銀の金融市場調節方針は，「日本銀行当座預金残高が○兆円程度となるよう金融市場調節を行う」などと定められました。これらの方針は，消費者物価指数（生鮮食品を除く）の前年比上昇率が安定的に0％以上になるまで続ける，との時間軸政策も加えられました。オペレーションにより日銀当座預金残高を増やすことは，銀行の手許資金を増やすことにつながり，金融機関の流動性リスクを抑えることが期待されたのです（図9.1）。

このように，日本ではゼロ金利政策と量的緩和政策が世界でいち早く導入され，非伝統的金融政策に踏み込んでいくこととなりました。その後，2006年になり，景気回復が進むなかでデフレからの脱却への道筋が明確でないという政府の慎重論を押し切って，5年に及んだ量的緩和政策は解除されました。1980年代後半の金融緩和政策で，バブルの発生を引き起こしたと批判された日銀のバブル阻止への強い思いが表れたといわれました。ところが08年にリーマン・ショックが発生し，世界経済に大きな影響を与えることになり，日銀も再び政策金利の引き下げと量的緩和へと逆戻りしていくこととなりました。

アベノミクスと異次元緩和策

2010年，日銀は「包括的な金融緩和政策」を導入します。この時期の金融市場調節方針は，「無担保コールレートを，0～0.1％程度で推移するよう促す」とし，再びゼロ金利政策に戻ったのです。加えて，資産買入等の基金を通じて，固定金利方式の共通担保資金供給オペレーションおよび資産の買い取りを行いました。従来のオペは金利の競争入札方式ですが，このオペは，デフレ対策として09年に導入されたもので，政策金利と同水準の固定金利方式で，3カ月間とやや長めの資金供給をするものです。当初は10兆円の枠が設定されたものが，徐々に拡大され，この時に35兆円規模となりました。資産の買い取りについては，長期国債，短期国債のほか民間企業発行のコマーシャル・ペーパー（CP），社債や上場投資信託（ETF），不動産投資信託（J-REIT）といったリスク資産も対象とした信用緩和となりました。多様な資産を金融市場から買い取ることで，リスク・プレミアムの低下を促し，企業の資金調達コストを抑制する狙いがあったのです。

2012年12月，第二次安倍内閣の発足前後にいわゆるアベノミクスと呼ばれる経済政策が打ち出されました。アベノミクスは大胆な金融政策，機動的な財政政策，民間投資を喚起する成長戦略の3本の矢と称する政策を柱としました。すると，日銀は翌年1月，金融緩和を思い切って前進させることとし，物価安定の目標を導入することと，資産買い入れ等の基金について期限を定めない資産買い入れ方式を導入することを決定します。また，政府とともにデフレ脱却と持続的な経済成長を実現するために，政府と日銀との政策連携について共同

声明を公表しました。このうち，物価安定の目標については，消費者物価の前年比上昇率で2%とし，金融緩和を推進し，この目標をできるだけ早期に実現することをめざすとされました。デフレ脱却のため日銀は，インフレ・ターゲットを導入したのです。日本銀行法では，日銀の金融政策の理念を「物価の安定を図ることを通じて国民経済の健全な発展に資すること」と記しています。物価の安定を図ることは，中央銀行の使命であり，あらゆる経済活動や国民経済の基盤となります。物価の変動が大きいとモノやサービスの価格をもとにした企業や個人によるさまざまな投資の判断が困難になり，効率的な資源配分がなされなくなったり，所得配分に歪みをもたらす恐れが増します。こうしたことから，日銀は2%の物価安定目標を早期に実現させようとしたのです。

　2013年4月，日銀は「量的・質的金融緩和政策」を決定し，黒田総裁自ら「異次元の金融緩和」と称して，2年程度でマネタリーベースと長期国債やETFの保有額を倍増させることなどにより，2%の物価上昇率の実現によるデフレからの脱却をめざす方針を打ち出しました。この時，金融市場調節の主たる操作目標が無担保コールレートからマネタリーベースに変更され，金融市場調節方針は「マネタリーベースが，年間約○兆円に相当するペースで増加するよう金融市場調節を行う」などと定められました。また，資産買い入れ方針が定められ，たとえば長期国債の買い入れについては年間の増加ペースを決めたほか，40年債を含むすべての期間の国債を買い入れ対象としたことから，買い入れ対象の国債の平均残存期間がそれまでの3年弱から国債発行残高の平均並みの7年程度に延長されました。ETF，J-REITなどのリスク資産の買い入れも拡大して継続されました。

　第2章でも学びましたが，マネタリーベースとは，中央銀行通貨ともいい，中央銀行と政府の通貨性の負債を合計したものです。銀行はこれを支払準備として信用創造を行うことで，預金通貨が増加するのです。金融論や経済学の教科書では，ハイパワードマネーと表現されたり，諸外国ではベースマネーと表現されたりすることもあります。日銀では，このマネタリーベースを公式統計の1つとして公表しており，日銀のウェブサイトでも確認することができます。

マイナス金利付き量的・質的金融緩和

　そもそも金利は，プラスであることが普通です。お金を借りる際にはその借金の代金としての金利を，借り手が支払い，貸し手が受け取ります。この金利がマイナスになると，逆に借り手が受け取り，貸し手が支払うという状態になります。**マイナス金利**は，超低金利の市場環境のもとで発生したり，金融危機の際などに信用力の高い通貨や金融商品の価格が上昇して発生することがあります。当然，マイナス金利でお金を貸す（投資する）と，貸し手（投資家）には損失が発生しますが，国債などの流動性の高い安全な資産を保有することが選好される場合に，マイナス金利が成立するのです。日本の短期金融市場では，2003年に初めてマイナス金利がコール市場で成立しました。円とドルを一定期間交換する為替スワップ市場において，外国銀行がマイナス金利で調達した円を，損失が発生しない範囲でコール市場にマイナス金利で放出したもので，金融市場の需給関係の一時的な変化で発生したものでした。その後，14年には日銀が金融機関から大量に国債を購入したことで，市場での国債の流通量が不足し，国債を預けて資金を借りる国債レポ取引でマイナス金利が発生しました。これらは金融市場における資金需給の変化で発生するマイナス金利ですが，次に取りあげるマイナス金利は，日銀の政策金利についてです。

　2016年，日銀は「マイナス金利付き量的・質的金融緩和」を導入しました。それまでの金融市場調節方針や資産買い入れ方針が維持されたほか，補完当座預金制度が改正され新たな政策金利となりました。補完当座預金制度は，日銀が受け入れる当座預金のうち，準備預金制度に基づく準備率を上回る超過準備に付利する制度で08年に導入されました。世界的な金融不安を背景に金融市場の安定化のために，また短期金融市場での調達が困難な金融機関への資金繰り支援として，日銀は大量の資金供給を行ってきました。これらの資金供給は，日銀当座預金に積み上がり，金融機関にとっては超過準備となってしまいます。この超過準備に付利することで，短期金利が日銀の誘導目標を下回ることなく，日銀は金融市場に安定的で大量の資金供給を行うことができました。そして16年1月，日銀はこの補完当座預金制度に基づく政策金利残高に−0.1％のマイナス金利を適用することとしたのです。銀行がマイナス金利を避けるために，

融資や運用を積極的に進めるようになることを狙ったのです。

　このマイナス金利政策の導入により，銀行が日銀に預ける当座預金は，0.1％の金利が付く基礎残高，ゼロ金利のマクロ加算残高，−0.1％の金利が適用される政策金利残高の3階構造となりました。景気が本格的に回復せず超低金利の状況が続くとともに，貸出の大幅な増加が見込めないなかにおいて，銀行は−0.1％よりも高い利回りで，主要な運用先の1つである短期国債を購入できなくなったり，国債を担保に現金を貸し出すレポ市場に資金を放出したりできなくなると，マイナス金利で日銀に預けるという仕組みです。

　2016年9月，日銀は量的・質的金融緩和の効果について以下のように総括しました。13年の物価安定目標の設定と，これを実現するための大規模な金融緩和により，過度の円高は是正され，株価の上昇，失業率の低下，賃金のベースアップがなされ，日本経済と物価は好転してデフレの状態ではなくなった。もし，量的・質的金融緩和をやっていなければデフレが依然として続いた可能性が高かった，というものです。一方で，2％という物価上昇率は実現しておらず，その理由について，以下のように分析しています。量的・質的金融緩和の効果波及経路は，2％という目標を実現すると強く約束し，大規模な緩和を行うことで，人々の物価に対する見方を変えること，大規模な国債購入で名目金利を引き下げるというものであった。これにより実質金利を引き下げ，それが経済を刺激することで物価が上昇するというメカニズムを想定していた。このメカニズムは当初うまく機能し，実施1年後には消費者物価は消費増税の影響を除いても1.5％まで上昇した。ところが，その後，14年夏以降の原油価格の下落と消費増税後の需要の落ち込みや15年夏以降の世界的な金融市場の不安定化により，物価上昇率の上昇が止まってしまい，2％という目標を実現することができなかった，というものです。また，春闘などの賃金交渉の際に，前年度の物価上昇率を重視してきたことなどから，日本ではそれまでの物価状況がその後も継続するだろうという考えが，人々が予想する物価の上がり方の大きな要素になっていたとの指摘もあります。

▍長短金利操作付き量的・質的金融緩和

　2016年9月，日銀は「長短金利操作付き量的・質的金融緩和」を導入し，

「10 年物国債金利がおおむね現状（0％）程度で推移するよう，長期国債の買い入れを行う」とする長期金利の操作目標について新たに言及しました。拡大を続けてきた長期国債の買い入れペースについて，それまでと同水準の年間 80 兆円をめどとしつつ，金利操作方針を実現するよう運営することとしました。それまでの日銀の長期国債の購入では，マネタリーベースの供給に主眼が置かれていましたが，10 年物国債の金利に目標値を設定して市場から国債を買い入れることで，短期から長期までの金利全体を望ましい水準に誘導しようとしたのです。これを長短金利操作（イールドカーブ・コントロール）と呼んでいます。本来は，中央銀行の操作対象ではなかった長期金利の水準も，短期金利同様に長期国債のオペなどを通じて誘導することとしたのです（イールドカーブについては第 **4** 章参照）。

　2019 年末からの新型コロナウイルス感染症の蔓延により，世界経済は大きな打撃を受けました。20 年 4 月，日銀は感染症への対応として，金融緩和の強化を決めます。企業の資金繰りが悪化するなど企業金融における金融緩和の効果が低下していることに対応するため，CP や社債の買い入れ額を増額するなどしました。また，政府の緊急経済対策により国債の増発が行われることから，国債の買い入れについて長期国債，短期国債ともにさらに積極的な買い入れを行うこととし，イールドカーブ全体を低位で安定させようとしました。

　イールドカーブ全体が低下した要因は，単に日銀が長期国債を購入したことだけではありません。長期金利は，理論的には（将来予想される）短期金利の平均であるといえます。すなわち，短期債で投資し満期が到来すると，再び短期債に投資され，投資家はこれを繰り返すことで長期的な投資を行うことができます。裁定が働く市場では，長期債への投資による収益は，短期債への再投資によって得られる収益と同じになるはずです（裁定については第 **8** 章参照）。マイナス金利が導入されるなど将来にわたって短期金利で超低金利が続くと予想されると，より長期の債券への投資が増えることで，長期金利のさらなる低下が生じることになるのです。また，短期債だけでなく中期債もマイナス金利であれば，長期債への投資はますます増えることでしょう。また，金融機関が日銀の大規模な国債の買い入れを視野に入れて，高価格（低金利）で購入してもさらに高価格で日銀に売却できると予想し，そのキャピタルゲインを意図して投

資していることも考えられます。

2 非伝統的金融政策の影響

非伝統的金融政策と銀行経営

　マイナス金利政策によって直接的には，銀行は日銀当座預金のうち超過準備である政策金利残高に適用される利息負担が発生することになります。ゆうちょ銀行や外国銀行などの貸出先が限られている金融機関は，メガバンクに比べて日銀当座預金に置いておく資金の割合が高くなり，マイナス金利を適用される残高が多くなります。ただし，銀行全体，すなわち日銀当座預金全体としてみれば，その大部分は付利される基礎残高となっていて，政策金利残高へのマイナス金利の適用が，直接的に銀行経営に及ぼす影響は限定的といえるでしょう。

　しかしながら，マイナス金利政策が銀行経営に与える影響は，マイナス金利の負担という直接的な影響だけにはとどまりません。銀行の支出である銀行の預金金利はほぼゼロとなっていて，2022年末現在大手行の普通預金金利は0.001％，定期預金は満期10年までのすべての期間において0.002％となっています。つまり，預金金利はこれ以上下がる余地がないし，もし下がったとしても，それは銀行が預金者に支払う金利にはほとんど影響がないレベルといえるのです。一方の貸出金利も低下しており，こちらは預金金利の低下幅に比べて低下の幅が大きなものとなっていて，銀行の収益がますます小さくなっているのです。量的緩和によって，銀行は資産として保有していた長期固定金利の国債を日銀に売却する代わりに，変動金利型の住宅ローンなどへの貸出を増や

しました。その後，マイナス金利が導入されたため，変動金利はいっそう低下しました。また，長短金利操作により，より長期の金利が低下したため，固定型の住宅ローン金利などのより長期の貸出金利の低下も引き起こしたのです。貸出金利は，銀行間の貸出競争によって低下トレンドが認められていましたが，マイナス金利の導入後の低下幅はより大きくなっていました。

　金利全体が押し下げられている環境下では，銀行以外の金融機関の運用収益も縮小するという問題に直面しています。銀行の預貸金利だけではなく，保険や年金などの運用利回りも低下していて，個人投資家をはじめとした国民の投資収益の減少をもたらすことが懸念されます。投資収益の減少は心理的な側面を通じて経済活動全般に悪影響を及ぼす恐れもあるのです。

非伝統的金融政策と日本国債

　非伝統的金融政策では，日本銀行は金融機関が保有する国債を大量に買い取っています。およそ1000兆円の国債残高が積み上がっているなかで，その半分を超える国債を日本銀行が保有しているのです（図9.2）。これにより金融機関から国債市場への国債の供給が減少する一方で，高価格での国債購入者が日銀に集中することで，市場での国債の需給関係に歪みが生じて，適正な国債価格（金利）が形成されなくなる懸念があります。もっとも，日銀は金利を低めに誘導する政策を行っているので国債価格が上昇すること自体に大きな問題はないといえます。ただ，日銀は10年物など特定の年限の国債をオペで購入しているため，5年物など満期の短い国債の利回りが10年物を上回るといったようなイールドカーブの歪みが生じることも懸念されます。

　日本国債は日銀のほか，銀行や生損保，年金基金などの機関投資家が購入しています。現状では民間金融機関や年金基金は，金利がほとんどつかない国債を購入しているため，金利収入がほとんどありません。将来の金融緩和政策終了後の金利上昇局面で発行される国債に置き換える際には，現在保有している国債について売却損が発生してしまいます。1000兆円の国債残高のうち4割程度が金融機関や年金基金の保有であることから，国債価格が1％単位で値下がりした時の金融機関の決算への影響は大きなものになる可能性を秘めています。

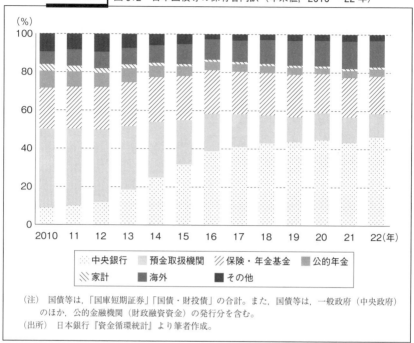

CHART 図9.2 日本国債等の保有者内訳（年末値，2010〜22年）

(注) 国債等は,「国庫短期証券」「国債・財投債」の合計。また, 国債等は, 一般政府（中央政府）
のほか, 公的金融機関（財政融資資金）の発行分を含む。
(出所) 日本銀行『資金循環統計』より筆者作成。

　財政面でも問題が指摘できます。政府は新規の借入と借換のために，多額の
国債を毎年発行していますが，それは日銀による金融緩和政策により，非常に
低い金利で発行できています。金融緩和政策が終了して金融市場の金利が上昇
していけば，借換のための起債を含め，その後に発行される国債の金利は上昇
していくことになります。政府は，毎年度予算で多額の利払費を計上しており，
2022年度予算では一般会計歳出総額の約7.7％を占めています。金利上昇によ
る利払費の増加で，ますます財政の硬直化が進むとともに財政の健全化が遠の
き，赤字国債のさらなる増発につながりかねないという懸念もあるのです。

┃ 中央銀行の財務の健全性 ┃

　日銀は長期国債の保有高を日本銀行券発行残高以下にするといういわゆる
「銀行券ルール」を，日銀が国債を無制限に引き受けることを抑止する目的で
2001年から自主的に定めています。しかし，10年の包括的な金融緩和政策に

際し導入された資産買い入れ等の基金による長期国債の買い取りは，このルールの対象外とされました。また，13年の「量的・質的金融緩和政策」において資産買い入れ等の基金は廃止され，国債を大胆に買い増すために銀行券ルール自体が一時適用停止となることが決定されます。日銀は，金融緩和政策に伴う長期国債の買い入れは，金融政策目的であって財政ファイナンスをしているわけではないという論拠を示したのです。デフレ克服のためのやむをえない措置ではありますが，日銀の金融政策を財政政策に従属するものとしてしまう危険性は捨てきれないのではないでしょうか。

　国債を大量に保有していくと，日銀の資産にも問題が生じてきます。非伝統的な金融政策では，高価格帯で国債を買い取ることで低金利を実現しています。2021年3月，日銀は長期金利の上昇を抑制するために連続指値オペ制度を導入して，長期国債を大量に買い入れています。金利が低下していく過程では，保有する国債の価格は上がっていくため問題とならないのですが，ひとたび金利が上昇に転ずれば保有する国債の価格も下がっていき，買い入れ価格である簿価を時価が下回っていけば損失が発生することになります。超低金利のもとで発行済み国債の多くを保有する日銀の財務は，金利上昇に対して脆弱であるといえます。日銀が大量の国債を間接的に引き受けて成り立っている政府の財政運営についても疑念が生じかねません。日銀や政府への信認が揺らぐ事態となれば，国債価格の下落（金利上昇）や為替市場での円売りにつながる懸念さえ生じてきます。

POINT

- 非伝統的金融政策は銀行経営に大きな影響を及ぼしています。
- 金利が下がると政府の財政規律が緩む懸念があります。

3　非伝統的金融政策の転換点

テーパリングから引き締めへ転換した FRB

　2021年11月，FRBはそれまでの金融政策を転換し，テーパリング（量的緩

和の縮小）を始めます。世界各国で導入された非伝統的金融政策の出口戦略は，ここから始まります。テーパリング（tapering）は先細りという意味があり，金融の引き締めではありません。FRB はそれまで月に 1200 億ドルのペースで資産を買い入れて資産を増やしてきていましたが，テーパリングはこの資産の増加ペースを徐々に減らしていくというものです。言い換えると，景気に対して金融引き締めというブレーキを踏むのではなく，金融緩和というアクセルを少しずつ弱めていくイメージです。テーパリングが終わり，資産の買い入れがなくなった場合でも，緩和的な状態は維持されることが想定されていました。

　2022 年，世界でインフレーションが進行しました。新型コロナ禍で落ち込んでいた個人消費が回復するなかで，人手不足や物流の停滞などが発生したことで，モノやサービスの供給が需要に追いつかなくなってしまいました。ロシアのウクライナ侵攻も，原油や食糧価格の上昇に影響しました。アメリカでは 1 月の消費者物価指数が約 40 年ぶりの高い伸びを示したことで，3 月の連邦公開市場委員会（FOMC）で 3 年ぶりの金融引き締めが決定されました。FRB はこれ以降，政策金利を段階的に，しかも短期間で一気に引き上げるように誘導する政策をとったのです。この結果，アメリカだけではなく世界景気の先行き不透明感から，需要減速の懸念が生じたために，株式市場や商品価格の値動きが激しくなるという現象も起きました。

大規模緩和を続けた日本銀行

　一方で，日銀は 2022 年 12 月の金融政策決定会合で大規模緩和を修正するまで，大規模な金融緩和を続けました。これにより日米の金利差が拡大し，円安ドル高が進行しました。日本でもインフレ率は高まっていましたが，これは原燃料高と円安による輸入物価の上昇から発生したコスト・プッシュ型のインフレーションで，賃金の上昇を伴わない一時的な現象であると日銀は見込んでいました。円安は自動車や電気など輸出が多い企業の業績には追い風となりますが，輸入価格の上昇を通じて国内のインフレがさらに進む恐れがあります。円安が総合的に日本経済にプラスに働いているのであれば，12 月の金融緩和の修正はなかったといえます。長く続けてきた日銀の金融緩和政策では，マネタリーベースを増やし，名目金利をさらに下げることでインフレ期待を高めよう

としてきました。しかし，現実にはインフレ期待の高まりではなく，輸入物価の高騰からインフレが発生し，これが本格的な物価上昇につながっていくのかどうかはわかりませんが，12月の大規模緩和の修正に至ったのです。

　金融政策は一国の物価安定や経済活動のために行っているとはいえ，各国の金融政策の変更は世界経済に大きな影響を与えることもあるのです。とくに，アメリカの金融政策の変更は，世界のマネーの潮流を変えることが過去に何度もありました。アメリカの金利が下がれば，他の先進国や新興国へと投資マネーが向かい，逆にアメリカの金利が上がれば，投資マネーがアメリカに還流するのです。この過程で，ドルと円やユーロの相場が変動したり，新興国では通貨危機が発生したりしてきたのです。世界経済のグローバル化が進んだ現在では，国際金融を理解することも必要なのです。

POINT

- ■ アメリカでは2021年からテーパリングで金利が上がりはじめました。
- ■ 日本では2022年末に大規模な金融緩和の修正（出口戦略の模索）が始まりました。

NEXT

　本章では，最近の金融政策について学習しました。金融政策はあくまで国内の景気や物価の安定のためのものですが，各国の金利の違いにより為替相場に影響することも否めません。次章では，外国為替などグローバル化した金融市場について学びます。

EXERCISE

- □ 1　日本銀行のウェブサイトをみて，現在の日本の金融政策がどのようなものか調べてみましょう。
- □ 2　日本の国債残高を調べ，金融市場にどのような影響を与えるのか考えてみましょう。

金融広報中央委員会『大学生のための人生とお金』（https://www.shiru
poruto.jp/public/document/container/daigakusei/）

　→イントロダクションで触れたように，投資を考えるうえで，自分の人生を
　　考えることは不可欠です。大学生のうちに人生とお金について考えてみま
　　しょう。ウェブサイトからダウンロードできます。

木内登英［2018］『金融政策の全論点──日銀審議委員5年間の記録』東洋
経済新報社

　→日本銀行の政策決定過程でなされた議論や非伝統的金融政策のほか，日本
　　銀行の役割とその変化についても述べられています。

宮尾龍蔵［2016］『非伝統的金融政策──政策当事者としての視点』有斐閣

　→非伝統的金融政策を基礎的な内容に加え実証分析についても解説していま
　　す。

第 **10** 章

世界を動き回るお金

グローバル化と国際金融

外国為替相場は，どのように決まり，経済にどのような影響を与えるのだろうか？

KEY WORDS

- ☐ 国際資本移動
- ☐ 外国為替取引
- ☐ 外国為替相場
- ☐ 購買力平価
- ☐ 金利平価

- ☐ 変動為替相場制度
- ☐ 固定為替相場制度
- ☐ アジア通貨危機
- ☐ 世界金融危機
- ☐ ギリシャ危機

イントロダクション

変動為替相場制度に移行してから，円の為替相場は大きく変動しています。歴史的には円高の方向に動いていますが，2022 年は急速な円安が進行し，東京外国為替市場において，円相場は 1 ドル＝150 円台まで変化しました。円安の場合，一般には輸出が伸び，名目 GDP（国内総生産）は増大します。また輸入物価の影響から国内の物価が上昇することがあります。

たとえば，今回の円安は，マクドナルドの商品価格にも大きく影響しています。なぜならば，円安により牛肉やポテトの輸入価格が上昇するからです。2022 年 3 月，マクドナルドはハンバーガーの価格をそれまでの 110 円から 130 円に値上げしました。そして 22 年 9 月にはハンバーガーの価格はさらに上がり 150 円になりました。ハンバーガー以外の商品についても 22 年 9 月 30 日から全体の約 6 割の商品価格が値上がりしています（『日本経済新聞』2022 年 9 月 22 日朝刊）。また，為替相場の高低は，人や企業の国境を跨いだ移動を生じさせます。1980 年代には日本企業が円高を背景に次々と海外進出していました。近年では円安になった日本は，割安な旅行先として海外の人々に人気になっています。外国人観光客の増加や減少は為替相場の影響もあるのです。このように，為替相場の変動は私たちの生活に大きな影響を与えます。

本章では，為替相場と日本円に焦点を当てて，本書に必要な範囲内で国際金融の内容を学びます。具体的には，為替相場の説明を柱にしながら，為替市場の構造，為替相場の決定理論，日本円の歴史，金融危機について学びます。

1 国を越えたお金のやりとり

国際資本移動と外国為替取引

金融グローバル化の特徴は，先進諸国あるいは発展途上国にかかわらず，**国際資本移動**が大きく拡大していることに現れています。かつては，イギリスやアメリカなどの国際金融市場での資金調達などが，国際金融のメインストリー

ムでした。近年では，各国が相互に資金を移動させるようになり，各国金融市場は緊密に結びつくようになりました。

　国際資本移動は**外国為替取引**と密接に関係しています。たとえば，日本の投資家がアメリカの国債を購入する場合，アメリカの国債の価格はドルで表示されていますから，日本の投資家はまず円をドルに交換しなければなりません。そして，入手したドルを使用して，アメリカの国債を購入します。このように，世界では経済活動に伴って外国為替取引が生じます。こうした取引を受けて為替市場の需給が生じ，為替相場が動きます。とくに先進諸国が変動相場制度に移行してからは，為替相場は大きく変動しているので，企業や金融機関が多くの外国為替取引を行っていることがわかります。

┃ 外国為替と経済 ┃

　これまでは一国内，おもに日本を題材に金融について説明してきました。しかし，現実の経済活動は一国内に留まることはありません。グローバル化が進んだ現在，外国との取引の比重は非常に大きくなっています。モノのやりとりはいうまでもなく，人の移動，企業の多国籍展開，海外投資など，さまざまな経済活動が国境を越えて行われています。その際，問題となるのが国ごとに通貨が違う，ということです。通貨が違うということは通貨を交換する必要が出てきます。アメリカに行って円を出しても受け取ってもらえないため，ドルに交換して支払いをする必要があります。

　そして，通貨の交換比率が一定ではない，ということがさらなる問題となります。通貨の交換比率のことを**外国為替相場**といい，ニュースなどで 1 ドル＝いくら，と表示されているものです。ある日には 1 ドル＝115 円だったのが，半年後には 1 ドル＝135 円になる。このように 20％近くの価格変動が生じた場合，海外との取引において非常に大きな影響が生じるでしょう。その影響を具体的に考えてみましょう。たとえば製粉メーカーがアメリカから小麦を買っているとします。小麦 1 ブッシェル（小麦の売買単位）当たり 10 ドルだとして，メーカーはいつも 10 万ブッシェルを購入しています。為替相場が 1 ドル＝115 円であった半年前なら 100 万ドル＝1 億 1500 万円の支払いでしたが，為替相場が 1 ドル＝135 円になった時であれば 100 万ドル＝1 億 3500 万円と，

支払額が 2000 万円も増えることになります。小麦の調達価格の変化は，当然ながら小麦を使った商品価格に影響を及ぼすため，私たちの暮らしにも影響します。このように，外国為替相場は生活に直結するため，外国為替について学ぶ必要性があるのです。まずは外国為替取引が行われている外国為替市場について，その構造からみていきましょう。

┃ 外国為替市場の構造 ┃

外国為替市場は大きく 2 つに分けることができます。銀行間外国為替市場と対顧客外国為替市場です。対顧客外国為替市場とは，銀行が，私たちのような個人，企業，機関投資家等を取引相手とする為替市場です。それに対し銀行間外国為替市場とは，銀行と銀行が取引をする為替市場です。そして銀行間市場には，銀行と銀行が直接に為替取引するダイレクトディーリングという形と，銀行と銀行との間に為替ブローカーが仲介する形とがあります。

銀行間外国為替市場と対顧客外国為替市場との関係は，基本的に対顧客外国為替市場が起点となって銀行間外国為替市場に展開することになります。具体的には，以下のような場合です。たとえば，輸出を行っている企業が，輸出によって得られた代金を受け取る場合を考えましょう。仮にアメリカに 100 万ドルの商品を輸出したとします。アメリカの取引相手からは代金として 100 万ドルが送金されてきますが，為替相場は変動しているので，そのままであれば為替リスクが生じてしまいます（為替リスクとは為替相場の変化により損失が生じることです）。そこで為替リスク回避のために，銀行に対して 100 万ドルを売って日本円に替える為替取引の注文を出します。この時，銀行は企業との為替取引において手数料収入を獲得できます（実際には，手数料という項目ではなく，為替相場の表示価格である建値に手数料分が組み込まれています）。

ただしその結果として，銀行は為替リスクを負うことになります。銀行は手持ちの日本円を対価に 100 万ドルを得ます。これによって外貨を手放した輸出企業は為替相場の変動リスクから解放されますが，その為替相場の変動リスクは消えてなくなるわけではなく，銀行に肩代わりされます。その 100 万ドルをすぐに必要とする輸入企業があれば，そこへ販売することで銀行はリスクを負わすに済みますが，現実にはすぐに都合のいい取引相手がみつかるわけではあ

りません。そこで他の銀行に対して，100万ドルの購入をもちかけます。これが銀行間外国為替市場となります。このように，対顧客外国為替市場が起点となり，銀行間外国為替市場の取引へと，取引が広がっていくことになります。ただし，その結果として対顧客市場の為替相場は銀行間市場の為替相場に手数料分を＋αした価格となります。たとえば銀行間市場でのドル売り円買いが1ドル110円でできる場合，対顧客市場では1ドル109円でドルを売ることができる，という形です。

▌ 外国為替取引 ▌

外国為替取引が行われている市場について理解したところで，次は外国為替取引には，どのような種類のものがあるかみていきましょう。ここでは，直物取引，先渡取引，為替スワップ取引，オプション取引について説明します。これらの取引方法のなかで，基本となる取引は直物取引です。直物取引以外の為替取引はすべて直物取引から派生したものと考えてよいでしょう。

直物取引とは，現時点において，現在の為替相場で取引を行うというものです。比較的イメージを持ちやすいのではないでしょうか。たとえば，現在1ドルが100円であれば，この為替相場で，まさにいま，為替取引を行います。

先渡取引とは，将来の一時点での取引を現時点において約束し，将来時点で取引することです。たとえば，ある日本企業が3カ月後に売上代金100万ドルを得られるとしましょう。この企業は最終的には円での収益を確定させたいと考えています。そこでこの企業は，銀行との間において，将来の3カ月後に，現時点の為替相場を参考に決められた為替相場（たとえば現在1ドル＝100円だった場合に，1ドル＝99円）で，100万ドルを交換する契約を結びます。ここで注意するポイントがあります。現時点では資金のやりとり等はないということです。あくまで3カ月後に決められた為替相場で取引を行う約束をするというのが先渡取引です。この結果，ドルが手元にやってくるまでの3カ月間の間に為替相場が変動してしまうリスクを回避することができます。ちなみに，似たような言葉として先物取引という用語があります。まったく同じ用語ではありませんが，似たような意味を持つと理解しても差し支えないでしょう。正確には，先渡取引は現物を用いた相対取引として行われ，先物取引は取引所で差

金決済する取引に使用されます。

　為替スワップ取引とは，上記の直物取引と先渡取引を同時に行う取引のことです。おもに銀行間の為替取引において利用されます。さきほど説明した先渡取引は，将来時点での為替レートの変動に対応した取引でした。しかし，銀行からみるとドルを買い取る取引だけが発生することになります。その結果，企業にあったリスクが銀行に移転したわけです。この場合，運よく3カ月後に100万ドルを欲しがる顧客が出てくればいいのですが，そうでなければ3カ月後の銀行には100万ドルが手元にそのまま残り，その為替リスクを抱え込むことになります。そこで，3カ月後に100万ドルを買う，という取引をしつつ，現時点で100万ドルを売る，という取引を行うことでドル売りとドル買いの金額を同じにします。もちろん持っていないドルを売るためには，ドルを借り入れる必要があり，その分の金利が発生しますが，3カ月後に入ってきたドルを抱えて為替リスクにさらされるということはなくなります。こうして為替スワップ取引は短期金融市場での金利も考慮しながら，銀行の為替リスク管理の一環として行われます。

　オプション取引とは，さきほどの先渡取引に似ています。しかし，先渡取引とはまったく違う取引です。先渡取引では，将来の一時点において，必ず為替取引を行うという約束をします。ところが，オプション取引というのは，権利の売買になります。具体例を用いて説明しましょう。日本企業は3カ月後に売上代金として100万ドルの入金を予定しています。3カ月後の為替相場は誰にもわかりません。この日本企業は，銀行との間で，オプション取引を行います。銀行とのオプション取引において，この日本企業は3カ月後に1ドル＝100円で，入金予定の100万ドルを円に交換する権利を購入します。ここで重要なポイントは，日本企業は100万ドルを円に交換する権利を購入したということです。言い換えれば，権利なので3カ月後に権利を行使しなくてもよいのです。もし3カ月後に，1ドル＝120円の場合，この日本企業は，銀行との間でのオプション取引で購入した権利を行使するよりも，3カ月後の為替相場で取引をした方が有利になります。

　ところで，オプション取引をさきほどの先渡取引と比較した場合，どちらの取引の方が顧客にとって魅力的でしょうか。為替取引の内容等からすれば，オ

プション取引です。しかしながら，実際の外国為替市場では，先渡取引の方が
オプション取引よりも多いのです。それは銀行との取引において，オプション
取引の手数料の方が先渡取引の手数料よりも高いからです。顧客にとってオプ
ション取引の方が内容的に有利なのですから，当然，銀行は顧客に対して，オ
プション取引の手数料を，先渡取引の手数料よりも高く設定するのです。

外国為替相場の決定理論

　このように，外国為替取引にはさまざまな種類があります。そうした種々の
取引が発生するのは為替相場が変動するためです。為替相場が変動するため，
相場変動のリスクを避けたり，あるいは積極的に利用したりして，外国為替市
場における需要と供給が発生し，為替相場が決定されます。そこで次に，為替
相場がどのように決定されるのか，その理論について簡単に触れましょう。

　代表的な外国為替相場の決定理論は2つあります。購買力平価と金利平価で
す。為替相場は2国間の財の価格により決まるというのが**購買力平価**です。こ
れは長期的な為替相場の水準を説明するのに適しています。そして購買力平価
には絶対的購買力平価と相対的購買力平価の2つがあります。わかりやすいの
は前者の絶対的購買力平価です。ここでは，絶対的購買力平価を説明します。
相対的購買力平価については，考え方と計算式を示す程度にします。

　金利平価は，為替相場は2国間の金利により決まるというものです。短期的
な為替相場の水準を説明するのに適しています。金利平価にはカバーなし金利
平価とカバー付き金利平価の2つがありますが，ここでは，カバー付き金利平
価について説明します。

購買力平価

　それでは，購買力平価について説明しましょう。**図10.1**は購買力平価の具
体例を用いた概念図を示しています。

　いま，日本とアメリカにおいて，それぞれ財Aという商品が販売されてい
るとしましょう。ここでの財Aとは，パソコンもしくはテレビ等を考えま
しょう。財Aに関して，日本の財Aとアメリカの財Aの性能は同じとします。
日本の財Aの価格を10万円とします。同様にアメリカの財Aの価格を1000

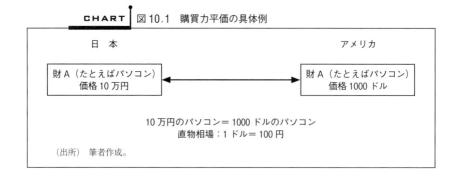

CHART | 図10.1　購買力平価の具体例

日　本　　　　　　　　　　　　　　　　　　アメリカ

財 A（たとえばパソコン）　　　　　　　　　財 A（たとえばパソコン）
価格 10 万円　　　　　　　←　　　　　→　　　価格 1000 ドル

10 万円のパソコン＝ 1000 ドルのパソコン
直物相場：1 ドル＝ 100 円

（出所）　筆者作成。

ドルとします。財 A を購入したいと考えた場合，みなさんは日本の財 A でも
アメリカの財 A でも，どちらを購入してもよいでしょう。そして，本来なら
日本とアメリカの財 A の価格は同じだと考えられます。この考え方を一物一
価といいます。そのため，1000 ドル＝ 10 万円となると考えられます。このと
き両辺を 1000 で割れば，1 ドル＝ 100 円になります。これが購買力平価で考
えた為替相場です。

　価格が次のように変化した場合，為替相場はどのようになるでしょうか。日
本の財 A は 10 万円のまま，アメリカの財 A が 1200 ドルに値上がりしたとし
ます。一物一価の考え方に基づくと，1200 ドル＝ 10 万円となります。この式
の両辺を 1200 で割れば，1 ドル＝約 83 円になります。このように，購買力平
価の根本は非常に単純です。しかし当然のことですが，為替相場は財 A の価
格だけで決まるわけではありません。実際には，多くの財の価格を総合したも
のになります。この多くの財の価格を総合したものを物価といいます。ここで
いう総合というのは，財全体の価格の平均値を意味します。こうして為替相場
を算出する考え方を，絶対的購買力平価といいます。

　そして購買力平価には，相対的購買力平価というものもあります。相対的購
買力平価は絶対的購買力平価の延長線上に位置しています。実は，さきほどの
絶対的購買力平価は，現実を上手く説明できるかどうかという点で多くの難点
を抱えています。絶対的購買力平価では，貿易取引の費用を考慮していないの
です。さきほどは両国間の財の価格は同じ，と説明しましたが，現実にはどち
らか一方の国でのみ価格上昇が生じる，ということはしばしばあります。その
際，絶対的購買力平価では，財の価格に差がついた場合，安い国で買って高い

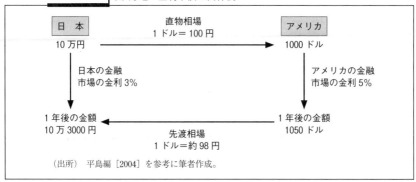

CHART 図10.2 金利平価の具体例

| 日 本 | 直物相場 1 ドル = 100 円 → | アメリカ |
| 10 万円 | | 1000 ドル |

日本の金融
市場の金利3%

アメリカの金融
市場の金利5%

1 年後の金額
10 万 3000 円 ← 先渡相場 1 ドル=約 98 円 1 年後の金額
1050 ドル

（出所）　平島編［2004］を参考に筆者作成。

国で売るという裁定取引が発生し，均衡価格に落ち着くと考えられています。しかし現実には，価格差が生じたからといって簡単に裁定取引ができない商品もあります。それに対応するのが，相対的購買力平価です。この理論では，絶対的購買力平価が成立していると考えられる時点の為替相場を基準にして，その時点以降の為替相場を物価の変化率から算出します。そのため，以下の計算式のように考えます。

円ドル相場の減価率＝日本のインフレ率－アメリカのインフレ率

仮定の維持の困難さ（一物一価の法則が成り立つ，という前提），基準年の設定の難しさなどはありますが，いずれにせよ，購買力平価は長期の為替相場の説明に有力だと考えられています。

金 利 平 価

次に，金利平価について説明しましょう。図10.2 は金利平価の具体例を用いた概念図を示しています。

いま，みなさんは 10 万円を持っているとしましょう。それを日本の金融市場かアメリカの金融市場で運用できるとします。日本の金融市場の金利を年利3％，アメリカの金融市場の金利を年利5％とします。ここでの金利は，預金の金利を考えましょう。日本の金融市場で運用した場合，10 万円を3％で運用するので，1 年後には 10 万 3000 円になります。一方，アメリカの金融市場で運用することを考えてみましょう。直物為替相場を 1 ドル＝ 100 円とします。

まず，10万円を直物為替相場でドルに交換，1000ドルを入手します。そして
アメリカの金融市場で1000ドルを5%で運用します。1年後には1050ドルに
なります。さらに，最終的には円での収益を確定させるには，1050ドルを1
年後の先渡相場で円に交換する必要があります。

そして日本で運用した10万3000円と，アメリカで運用した1050ドルを同
じ価値であると考えたレートが金利平価となります。なぜなら，日本もしくは
アメリカのうち，どちらかの運用結果が有利だとわかった場合，誰もがその収
益機会を逃さないからです。したがって10万3000円と1050ドルが同じ価値
とすれば，10万3000を1050で割ることにより，1年後の先渡相場は約98円
と計算できます。上記の理論をカバー付き金利平価といいます。

その他の為替相場の分類

ここまでは，為替相場の決定理論についてみてきました。しかし，一口に為
替相場といっても，名目為替相場，実質為替相場，実効為替相場と複数の種類
があります。まず名目為替相場ですが，これは実際に取引で使用される為替相
場のことです。一般的な為替相場といえばこれになります。

それに対して，物価上昇率の差を考慮したものを実質為替相場といいます。
実質為替相場は，名目為替相場を物価水準の比で割ることにより算出します。
そして貿易取引等を加重平均して考慮したものを実効為替相場といいます。こ
うした表現はあまり聞き慣れないかもしれませんが，より実勢に近い為替相場
を示す指標として，言葉だけでも知っておいてください。

POINT

- 外国為替取引には，直物取引，先渡取引，為替スワップ取引，オプション取引な
  どがありますが，これらのうち直物取引が為替取引の基本になります。
- 購買力平価とは，二国間の物価により為替相場が決まるというものです。
- 金利平価とは，二国間の金利により為替相場が決まるというものです。

戦後の国際金融と日本円

固定為替相場制度と変動為替相場制度

　図10.3 は日本円の為替相場の経年変化を示しています。図からわかるように，円の為替相場は**変動為替相場制度**に移行してから傾向的には円高の方向に動いています。為替相場の変動は，個人や企業だけでなく，日本の金融市場にも大きな影響を与えます。これまで，日本の金融市場は国際金融の大きな動きのなかで，少なからず影響を受けてきました。そのため，グローバル化が進む世界で生きている私たちは，国際金融システムのなかの日本という視点を持っておく必要があります。そこでここでは，日本円を軸に，戦後の国際金融の歴史を学びましょう。

　前節で民間の企業は為替相場の変動によるリスクを避けるため，先渡取引等を利用することを示しました。この先渡取引等を利用することで企業はリスクを回避できるようになったのですが，当然ながらその取引のために企業は銀行に手数料を払うことになります。こうした取引と手数料は相場が変動しなければ必要ではないでしょう。そういう意味では為替相場が固定されていればいいのに，と考える人が出てくるかもしれません。実は日本でも**固定為替相場制度**の時代がありました。たとえば第二次世界大戦後から 1970 年代初頭までです。当時は 1 ドル＝ 360 円で相場は固定されていました。ではなぜ，日本は固定為替相場制度から変動為替相場制度へと移行したのでしょうか。

　このことを考える前に，変動為替相場制度と固定為替相場制度の違いを簡単に説明します。昼のニュースにおいて，今日の東京外国為替市場の円ドル相場は 1 ドル＝何円ですという放送がなされているように，為替相場は外国為替市場での需要と供給により決定されます。そのため変動為替相場制度のもとでは，為替相場が日々変化します。一方，固定為替相場制度では，その名のとおり，為替相場は固定しており，日々変化するようなことはありません。しかしながら，固定為替相場制度のもとでも，需要と供給により為替取引が行われており，

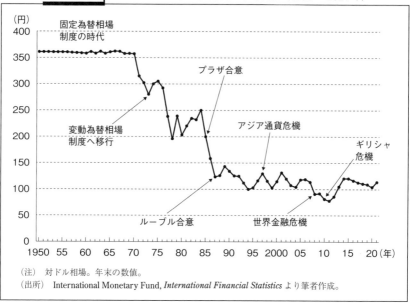

（注） 対ドル相場。年末の数値。
（出所） International Monetary Fund, *International Financial Statistics* より筆者作成。

市場の需給の大きさは必ずしも一致するわけではありません。ではどうして，そのような状況で為替相場は変化しないのでしょうか。それは，中央銀行が外貨準備を使って決まった為替相場水準を維持しているからです。

固定為替相場制度の成立と崩壊：第二次世界大戦後から1971年まで

それでは，なぜ固定為替相場制度から変動為替相場制度へ移行したのでしょうか。結論を先取りすると，固定為替相場制度を維持できなくなったためです。

第二次世界大戦後の国際金融システムは，アメリカの通貨ドルを金と等価な基軸通貨とし，世界の通貨がドルに対して固定為替を維持するという形で運営されていました。

たとえば，円とドルの為替相場について考えましょう。先述したように，当時為替相場は1ドル＝360円で固定されていました。しかし，外国為替市場では，需要と供給から常に円高方向もしくは円安方向の圧力が働きます。固定為替相場制度では，日本銀行が為替相場の固定のために受動的な金融政策を行うことで，外国為替市場での円高方向もしくは円安方向の圧力に対応します。こ

の時，アメリカは円ドル相場に関して，為替相場の固定についての市場介入を行いません。その代わりに，アメリカは日本からドルを金に交換してほしいという要求があれば，必ず純金1オンス＝35ドルで交換に応じなければなりません。当時は，中央銀行間では金が貨幣として機能しており，アメリカは世界の金の3分の2を保有していました。そしてその金はニューヨーク連邦準備銀行の地下室に保管されていました。

　このように，戦後，アメリカの通貨ドルは特別な地位に置かれていました。そのため，どの国の経済主体もドルを求めましたし，ドルでの支払いは受け入れられました。そして戦後復興が進むにつれ，アメリカは戦後復興の援助や西側諸国の経済成長による貿易赤字の増加，冷戦構造での軍事支出の増大などから国外にドルを支払うことが多くなり，諸外国が保有するドルの残高は累積していきました。それに対してアメリカが保有する金の量は有限です。その結果，世界のドルの流通量は，アメリカが保有する金の量を超えることになりました。世界でのドルの流通量がアメリカの金保有量を超えれば，アメリカは他の国から金交換の要求があった場合に対応できません。対応できないのであれば，各国は自国の金融政策に制限をかけてまで，自国通貨の為替相場をドルに対して固定させておくことに，疑問を持つことになります。市場もそれに反応します。こうして，この固定為替相場制度は1971年のアメリカのニクソン大統領による金とドルの交換停止（ニクソン・ショック）により終わりを迎え，変動為替相場制度へと移行することになりました。

変動為替相場制度への移行：1973年から80年代まで

　ニクソン・ショックの混乱を経て，1973年，日本は変動為替相場制度を採用しました。そして現在まで，この制度は続いています。固定為替相場制度では，ドルの累積とアメリカの赤字拡大（国際収支の不均衡）に対して対応ができないという問題を抱えていました。では，その後に導入された変動為替相場制度には問題はないのでしょうか。

　問題点としてまず考えられるのは，変動為替相場制度への移行により，民間企業は為替相場の変動リスクに対応しなければならなくなったことでしょう。加えて，新しい問題もしくは課題が現れました。それはアメリカの双子の赤字，

すなわち財政収支の赤字と経常収支の赤字の登場です。経常収支とは，簡単にいえば，輸出から輸入を差し引いたものです。つまり，経常収支赤字とは，輸出よりも輸入が多い状態を指します。輸入の方が多ければ，相手国に代金を支払わなければなりません。当時，アメリカの経常収支赤字の金額は対 GDP 比においても大きな数値になっていました。

とはいえ，アメリカの赤字自体は固定為替相場制度の時代から生じていました。固定為替相場制度の時代には，国際収支の赤字は金の流出という形でアメリカに制約を課していました。結果として固定為替相場制度を維持できなくなりましたが，経済政策での対応や貿易収支を改善させることで為替相場の固定を維持してきました。それに対して変動為替相場制度では，国際収支の赤字が生じた場合，為替相場が変動することによって，貿易収支が改善されるという形で対応がなされると考えられました。具体的には為替相場が自国通貨安に振れた場合，輸出品の価格が下がることになり売上が増加し，輸入品の価格は上がることによって輸入量が減少し，総じて貿易収支が改善する，というメカニズムです。こうした理論的メカニズムを背景に，アメリカは国際収支の規律を厳格にするのではなく，市場に任せる形で経常収支赤字を継続させていました。

その結果，世界各国はアメリカのこの経常収支赤字に警戒感を持つようになりました。簡単に表現すれば，アメリカは本当に輸入代金を支払うことができるのだろうかと疑いを持ったということです。もし，アメリカの支払いに問題が発生すれば，その影響は世界各国に大きく波及します。そのため，先進諸国では，このアメリカの経常収支赤字の解決のために，国際政策協調により解決しようとしました。そこで行われたのが 1985 年のプラザ合意です。プラザ合意では，先進諸国がドル安への誘導のために，外国為替市場において協調介入を実施しました。円の場合は，日本銀行によるドル売り円買いになります。外国為替市場では，大きく円高ドル安になりました。為替相場の誘導の成功により，一時的ではありますが，アメリカの経常収支赤字は緩和の傾向を示しました。ただ，現在でも，アメリカの経常収支赤字の問題はたびたび指摘されています。

金融グローバル化の時代：1990年代から現在まで

1990年代以降の金融グローバル化の特徴は，国際資本移動の拡大に求めることができるでしょう。国際資本移動とは，国境を越えた資本移動のことをいいます。日本の投資家がアメリカの国債に投資する場合などが相当します。この時，国際資本移動と外国為替取引の両方が行われることになります。日本の投資家がアメリカの国債を購入する場合，外国為替市場で保有する円をドルに交換したうえで，国境を越えた形で，アメリカの国債を購入します。このように，資本移動が生じる際には，必ずといっていいほど外国為替取引が生じます。

国際資本移動は，大きく直接投資，証券投資，その他投資に分類できます。直接投資とは，少し難しく表現すれば，現地での経営権の取得を目的とした投資です。具体的には，工場の取得等を思い浮かべてください。証券投資とは，株式や債券等の購入つまり金融資産の取得になります。その他投資とは，多くは銀行による貸付です。直接投資，証券投資，その他投資のなかで，取引の大きいものはどれでしょうか。日本の対外資産の保有状況をみると証券投資が大きくなっています。具体的には，2021年末の直接投資残高は228兆7630億円，証券投資残高は578兆3470億円，その他投資残高は245兆2120億円です（財務省「本邦対外資産負債残高」）。上記の国際資本移動は，外国為替市場での円ドル相場に影響します。金融グローバル化のもと，外国為替市場での取引量は増大しています。

世界の状況に目を向ければ，1997年にアジア通貨危機が発生しました。2008年には世界金融危機（リーマン・ショック）がありました。さらに2010年，ギリシャ危機が発生しました。これらは金融グローバル化のマイナスの側面です。その都度，日本を含む世界の国々は為替相場変動の影響を直接・間接に受けてきました。そして国際金融の世界は，たびたび通貨危機もしくは金融危機を経験し，貿易取引と金融取引を拡大させながら，現在のような姿になっているのです。通貨危機もしくは金融危機については，次の節で学習しましょう。

　❷では，日本円の歴史を概観しました。ここでは，国際金融を理解するうえで有益な理論であるマンデル＝フレミング・モデルを紹介しましょう。この理論を学ぶことにより，みなさんは，新聞や雑誌の経済記事の内容を理解できるようになるでしょう。また，国際金融の固有の現象である国際資本移動や金利の動向等についての理解も深まります。マンデル＝フレミング・モデルは財政政策と金融政策の影響を，為替の反応まで含めて分析する考え方です。

　まず，財政政策について考えましょう。日本政府が減税を実施したとします。減税により，国民所得は増大します。この減税分を国債の発行でまかなうとすれば，金利は上昇し，アメリカの投資家は日本の金融資産に魅力を感じて，日本の金融資産に投資します。アメリカの投資家はドルを保有しています。しかし，日本の金融資産は円で価格が付いています。そのためアメリカの投資家が日本の金融資産を購入するために，ドルを円に交換する外国為替取引が生じます。外国為替市場では，需要と供給の関係から円高になります。円高になると，日本企業の輸出は減少します。輸出代金の減少により，国民所得は低下します。減税による国民所得の増加分と，円高による輸出代金の減少による国民所得の減少分のどちらの効果が大きいかという問題に帰着します。

　次に，金融政策について考えましょう。日本銀行が金融緩和政策を実施するとします。日本銀行による金利低下の政策により，日本の金融市場の金利は低下します。日本の金融市場の金利が低下すると，アメリカの投資家は，日本の金融資産に魅力を感じなくなり，保有する日本の金融資産を売却します。そして，アメリカの投資家が円をドルに交換する外国為替取引が生じ，外国為替市場では，需要と供給の関係から円安になります。円安になると，日本企業の輸出は拡大します。輸出代金の増大により，国民所得は増大することになります。

　このようにマンデル＝フレミング・モデルではさまざまなことがわかります。しかし上記の結果よりも，財政政策と金融政策により，どのようなメカニズムが発生するのかという点を考えることが大事なことだといえるでしょう。

■ 固定為替相場制度の時代には，円ドル相場の維持は日本に責任があり，アメリカは自国のために金融政策を運営することができました。

■ 変動為替相場制度の時代には，アメリカの双子の赤字が問題になり，経常収支赤字を縮小するために国際政策協調が行われました。

■ 金融グローバル化の時代には，国際資本移動が急速に拡大し，国際資本移動の拡大に伴って外国為替取引も拡大しています。

3 金融危機

アジア通貨危機

　ここでは，金融グローバル化の負の側面である金融危機について概観することにします。1990年代以降，さまざまな金融危機が発生しましたが，以下では，アジア通貨危機，世界金融危機，ギリシャ危機を順にみていきましょう。

　1997年に**アジア通貨危機**がタイを震源地とし，インドネシア，韓国などで発生しました。90年代のアジア各国では，金融グローバル化や国内の資金需要の増大（経済の発展）などを背景に，国際的な資本移動の自由化が進展していました。結論を先取りすれば，アジア各国の経済成長への期待から多くの資本が急激に流入し，そしてこれらの資本が急激に流出したのです。先進諸国とアジア各国との間の金利差が大きかったことも流出の重要な要因でした。

　具体的にタイについてみてみましょう。タイはドルに対しての固定為替相場制度（正確には通貨バスケット制度）を採用していました。この制度はドルペッグ制度とも呼ばれます。為替相場を固定していたことにより，資金を提供する側（おもに外国金融機関）からすれば為替リスクを考慮する必要はありませんでした。そしてタイ経済の潜在的な成長性と，先進諸国との間の大きな金利差を背景に，大量の資本が国内に流入しました。そしてその後，タイ経済の成長鈍化を背景に外国金融機関の行動が変化し，急激な資金流出が生じました。入ってきたお金が出ていったことが，どのように危機につながったのでしょうか。

タイの事例では，以下の2つの要因がよく指摘されています。いわゆる「通貨のミスマッチ」と「満期のミスマッチ」です。

通貨のミスマッチとは，簡単にいえば，銀行の場合では，「借りる通貨」と「貸す通貨」が異なるというものです。第**3**章の金融取引とリスクとの関連では，通貨のミスマッチは価格リスクに相当します。タイの商業銀行は多くの資金を外国金融機関から外貨建てで資金を借り入れました（外国金融機関側からみれば，金利差を考慮した資金の提供と理解できます）。そして，タイの商業銀行は国内の企業にバーツ建てで貸していました。このような状況では，為替相場の動向により予想以上に負債金額が増大することがあります。これは企業の場合でも同様になります。タイの企業が外国金融機関から外貨建てで借り入れた場合，企業は機械や設備などの資産をバーツ建てで保有することになるからです。

満期のミスマッチとは，簡単にいえば，銀行の場合では，「短期」で資金を借りて「長期」で資金を貸し出すというものです。第**3**章の金融取引とリスクとの関連では，満期のミスマッチは流動性リスクに相当します。タイの商業銀行は，おもに外国金融機関から，短期で資金を借りて，国内の企業に長期で資金を貸し出していました。外国金融機関側はリスクを嫌い短期でしか貸してくれず，最終的な借り手となる国内の企業は設備投資のための長期資金を必要としたからです。しかし借り手は急な返済を求められても，すぐに保有資産を現金に換えて返済することは困難です。外国金融機関から資金を借りたのが銀行であれば，保有資産は顧客への貸出であり，すぐに資金回収ができるとは限りません。そして借り手が企業であれば保有資産は機械や設備のため，すぐにお金に換えられないのです。

その後，タイ経済の成長は鈍化しました。当然ですがまったく後退や停滞することなく，成長しつづける経済はありません。タイ経済の成長鈍化は，外国金融機関のそれまでの投資行動を変化させました。外国金融機関は，急速にタイから資金を引き揚げたのです。そしてタイは資金流出＝外貨の流出に直面して，外貨準備が枯渇し，固定相場を放棄せざるをえなくなり，バーツは急激な下落に見舞われました。

世界金融危機

2008年には**世界金融危機**が発生しました。世界金融危機の発生には，さまざまな要因が関係しています。

第1に，アメリカの住宅ローンの問題があります。住宅もしくは住宅購入は金融市場と大きな関係があります。アメリカでは，金利が低下していたこともあり，住宅を購入しやすくなっていました。そしてアメリカの住宅ローン専門会社は，家計に対して多くの貸付を行いました。これらのなかに，低所得者向けの住宅ローン（サブプライムローン）が多く含まれていました。サブプライムローンの特徴の1つは，将来の住宅価格の上昇などを見越して住宅を購入したケースが多かったことです。というのは，アメリカでは住宅価格の上昇分に対応した資金の借入（ホームエクイティローン）が可能でした。しかし，永久に上昇する住宅価格はありません。ついにアメリカの住宅価格は下落に転じました。そして，アメリカの中央銀行は国内の景気過熱対策のために金利を上げました。アメリカ国内の金利が上昇したことと，住宅価格の下落により，サブプライムローンの借り手は，借入金の返済をすることができなくなりました。その影響は貸し手にも及びました。

第2に，証券化商品の存在です。その仕組みについては，すでに第**3**章で説明しましたが，ここでは当時のアメリカの動向について述べます。さきほど述べたように，住宅ローン専門会社は多くのサブプライムローンを提供していました。ローンの提供は当然に貸し倒れのリスクを発生させます。証券化という金融技術がこのリスクを回避することになります。住宅ローン専門会社は貸し付けているローンを投資銀行等に売却しました。住宅ローン専門会社はローンの売却により貸し倒れのリスクを回避できます。ローンを購入した投資銀行等は特別目的会社を使ってモーゲージ担保証券を発行し，さらにはモーゲージ担保証券を証券化した証券化商品（債務担保証券）を発行しました。これらの証券化商品には高い格付けが付き，証券化商品市場は大きく拡大しました。ところが，サブプライムローンの返済困難により，証券化商品関連の損失が発生することになり，アメリカの大手の金融機関に大きな衝撃を与えました。投資銀行リーマン・ブラザーズが破綻し，保険会社**AIG**，さらには歴史的にアメリカ

の住宅ローン市場を支えてきたファニーメイとフレディマックにも大きな衝撃を与えました。そして，アメリカの大手金融機関の破綻やアメリカの金融市場の混乱は世界に伝播していきました。

┃ ギリシャ危機 ┃

2010 年にはギリシャ危機が発生しました。これは，ギリシャの国債が問題の発端です。ギリシャはユーロ圏の国なので，通貨は欧州共通通貨のユーロが流通しています。EU（欧州連合）にはマーストリヒト条約というものがありますが，この条約のなかで政府の財政収支に関する項目があり，各国は新規に発行する国債を名目 GDP 比で 3％以内に抑えなければならないことになっています。ギリシャでは，新政権に移行した時にこれまでの財政収支の数値を修正したのですが，これによりギリシャの債務返済能力が疑問視されることになりました。これがギリシャ危機へとつながります。ギリシャ危機にはいくつかの要因があります。たとえば，ギリシャはユーロ圏の国なので，ドイツやフランスなど同じユーロを導入している国からすれば，ギリシャ国債の購入には為替相場リスクがありません。それにもかかわらずにギリシャ国債の利回りはドイツやフランスの国債のそれに比較して非常に高かったのです。そのため，ギリシャの国債の多くは外国の金融機関により保有されていました。とくに，ドイツとフランスの金融機関は，ギリシャ国債を多く保有していました。

そして，これら外国の金融機関はギリシャ経済の不安定要因（インフレなど）を理由に，ギリシャ国債を売却したのです。国債は，金融市場に大きな影響を与えるので，ギリシャの金融市場は混乱しました。国債の価格は大きく下落し，金利（正確には利回り）は大きく上昇しました（債券価格と金利の理論的な関係は第 **4** 章参照）。外国によって国債が多く保有されている場合，経済的ショックによって資金流出が生じやすくなるため，ギリシャの国債市場は不安定になっていたといえます。日本の場合，日本国債の保有者の多くは日本の金融機関ですから，比較的に国債市場の安定性は高いといえるでしょう。もし日本の金融機関が日本国債を大量に売却すれば，国債の価格は大きく下落するので，日本の金融市場に大きな影響が生じ，日本の金融機関も大きな負の影響を受けることになるため，資金流出が起こりにくいのです。

ところで，ユーロ域内では単一通貨ユーロが導入されていますが，なぜ国債の発行は各国で行われているのでしょうか。それは，EUで共通の財務省が存在していないからです。EU各国は通貨の主権は手放しましたが，財政の主権の裁量については，そのままにしていたのです。そのため，金利のコントロールができない各国は，国債の発行によってのみ，マクロ経済のコントロール（景気を刺激する）を試みるしかなくなっているのです。

NEXT

　ICT（情報通信技術）と金融との関係はとても重要なものです。本章での為替取引についても，情報通信技術の進展によりさらに拡大しています。次章では，金融に関する情報通信技術の展開を学びましょう。

EXERCISE

□ 1　外国為替取引が世界で最も多い市場はどこの国にあるでしょうか。また，なぜ，その国の外国為替取引は多いのでしょうか。外国為替市場と短期金融市場との関係から考えてみましょう。

□ 2　外国為替相場の決定理論について，購買力平価と金利平価を，数値例を作成しながら，説明してみましょう。

□ 3　金融危機や通貨危機の原因と経過について，ここで学んだ内容を1つ選んで，自分の言葉で説明してみましょう。

飯島寛之・五百旗頭真吾・佐藤秀樹・菅原歩［2017］『身近に感じる国際金融』有斐閣
　　→国際金融全般についての内容を学習できます。国際金融の全体像を把握したい方にお薦めです。

大村敬一・浅子和美・池尾和人・須田美矢子［2004］『経済学とファイナンス（第2版）』東洋経済新報社
　　→為替相場の決定理論を詳細に学ぶことができます。

上川孝夫［2015］『国際金融史──国際金本位制から世界金融危機まで』日本経済評論社
　　→国際金融のなかでの日本円の歴史について知ることができます。

デジタル化する金融

金融と情報通信技術

Finance×Technology

デジタル化が進むと金融はどのように変わっていく？

- ☐ QRコード決済
- ☐ フィンテック
- ☐ キャッシュレス
- ☐ AI
- ☐ 金融DX
- ☐ 暗号資産
- ☐ プラットフォーム
- ☐ イノベーション

ICT（情報通信技術）の発展によって，私たちの暮らしは大きく様変わりしています。映画やアニメなどを家で視聴する場合，かつては DVD や Blu-ray を購入するかレンタルするなど，いずれにしても店舗に出向いて現物を利用していました。いまではインターネットを通じてストリーミングサービスを利用する選択肢が一般化することで，利便性は大幅に向上しています。同じことは音楽鑑賞にもいえるでしょう。また，食事の配送サービス，自動車の共同利用，民泊など，シェアリングエコノミーと呼ばれるサービスも登場するようになりました。企業の活動においても，生産や物流の効率化などが実現しています。

このような ICT は，金融にも影響を及ぼしています。第 **2** 章では QR コード**決済**にみられるキャッシュレス化の進展に言及しましたが，決済がスマートフォン上で実現できるようになった結果，いまではインターネットを通じた商品やサービスの注文から支払いまでをスマートフォン上で完結できるようになっています。また，第 **7** 章では，クラウドファンディングなどの新しい金融サービスが取り上げられていましたが，個人を資金の出し手とする小口の金融仲介なども ICT によって簡単に実現されるようになりました。このように，金融と ICT の結合によって登場したものをフィンテックと呼びます。

本章では，近年急速に進む ICT と金融との結合に焦点を当て，どのようなサービスが登場し，金融がどのように変化しているのか，機能とプレイヤーの活動を整理し，日本のフィンテック市場の動向と国の関わりについても触れることで，デジタル化した社会における金融に関する理解を深めます。

1 フィンテックの登場

身近な金融サービスの変化

金融が ICT と結びついている姿を学ぶにあたって，まずは身近なところからみていきたいと思います。私たちの身近なところでの変化としては，何と

いっても支払いに関する部分でしょう。冒頭でも述べましたが，QRコードを利用した決済は顕著な変化です。これまでも現金を使わない支払い（＝キャッシュレス決済）自体はクレジットカード等によって行われてきました。しかし，スマートフォンで決済を行うことによって日常生活で利用しているツールを使った支払いができるようになり，支払いを目的とした特別な道具が必要なくなりました。このことは人に財布やお金といった存在を意識させず，生活と支払いをシームレスにつなげることになるでしょう。

　また，スマートフォンで利用できる金融サービスは支払いに留まりません。自分自身の収入と支出を管理する家計簿アプリを使えば，自身の生活の見直しと貯蓄へとつながるでしょうし，もう一歩進んで資産管理サービスを利用すれば，複数ある自分自身の資産（複数の銀行口座や証券口座など）を一目で把握することができ，最適な金融サービスの利用が判断しやすくなるでしょう。

　家計管理と貯蓄習慣ができるようになれば，次は自動で資産を増やしてくれる仕組みとしての積立サービスなどへもつながります。こうしたサービスは一定程度の資金を積み立てることを決めた後は，自分自身の志向に合わせてAI（人工知能）が最適と思われる投資先へ資産を振り分けてくれるため，従来であれば投資などに手が伸びなかった人たちも資産運用をできるようになるでしょう（投資対象のうち証券については第**4**章，投資信託については第**6**章を参照）。

　またAIを利用するのは投資に限りません。保険商品の選択などでも，スマートフォン上で情報を入力することで，一瞬で保険料見積もりができたり，自身に最適と思われる保険の組み合わせなどを紹介してもらったりするサービスも登場しています。これは保険の見直しや，加入などを容易にし，保険を身近なものにすることに役立っています（保険については第**6**章を参照）。

┃ フィンテックで変わる生活 ┃

　こうしたことはすべて，私たちの生活の効率性を向上させるサービスです。スマートフォン上でこれらの金融取引が行える，ということは，いつでもどこでも金融取引を行えるということを意味します。これが進めば支店などの実店舗も窓口の人員も必要なくなります。金融取引（ATMの引き出しなども含む）を行うために店舗まで出向く，手続きをするために順番待ちをする，そうした

「ロス」がなくなるのです。

　これまでの章で学んできたことではありますが，そもそも金融自体が貨幣を使った経済活動のさまざまな場面での効率性を高めることを目的にしたものです。第6章で学んだ銀行や証券会社といった金融機関や第7章で学んだ金融市場の存在は，資金の調達側と運用側を結びつけることで貨幣利用の効率化やリスクの最適な配分を行っています。金融のデジタル化（**金融 DX**〔デジタル・トランスフォーメーション〕）はそうした機能を向上させます。金融業というのは，基本的には情報を取り扱う産業です。一見すると金融は「お金」を取り扱うので，現金，店舗，ATM，窓口業務などの目にみえる存在を意識してしまいますが，実際のところ動かしているのは預金口座のなかの資金であり，融資等に際しての意思決定もさまざまな情報をもとに行われています。そのため金融業は本質的には情報産業であるといえるでしょう。そうであれば，金融 DX が進み，フィンテックが拡大することは，金融を通じたさらなる社会の効率化につながっていくことでしょう。

POINT

- ■ フィンテックと呼ばれる新しい金融ビジネスは，金融をさらに日常生活と結びつけます。
- ■ 金融がもたらす経済の効率化は，技術と結びつくことで，より効果的に機能します。

2　デジタル化による金融の変化

フィンテックの興隆

　前節では，フィンテックが私たちの生活にどのような影響を与えているのかをみてきました。ここではその具体的な例をみていきたいと思います。

　日本銀行によると，フィンテックという言葉は 2000 年代前半から使われはじめており，10 年代に入って注目を浴びるようになってきました。その例の1つが，第7章で説明したビットコインに代表される**暗号資産**でしょう。暗号資

産の種類や性質，日本での動向については第7章で説明をしました。ここではそうした説明を踏まえたうえで，何がどう新しいのか，金融がどう変わるのかを，少し掘り下げたいと思います。

　暗号資産というとビットコインが代表に挙げられますが，ビットコインで用いられているブロックチェーン技術とは，情報通信ネットワーク上にある端末同士を結びつけ，暗号技術を用いつつ取引の記録を分散的に処理する技術です。ビットコインを用いた支払情報は，ネットワークにつながる個々のパソコンが処理をし，情報を共有しています。これは，既存の金融システムと対極の位置にあるといえるでしょう。

　既存の決済システムは，システムの中心となる金融機関を定めることで債権債務の連鎖関係を集中的に処理し，決済に関わるコストを削減しています。たとえば銀行は，自行内の預金口座での資金の移動をまとめて処理することで，現金や中央銀行預金の移動を減らします。また，中央銀行が，市中の銀行間の資金のやりとりを，中央銀行当座預金の移動によって実現することにより，銀行間の資金の移動にも現金は登場しなくなります。その結果，コストが低減されています。その一方で，ネットワークの中心となっている銀行のシステムが機能不全に陥った場合，そこに関わる口座全体が影響を受け，決済システムが機能しなくなります。

　それに対しブロックチェーン技術では，ネットワーク参加者全体で情報を共有するため，システム全体の消費電力などのコストは高くなるものの障害などには強いという特徴を持ちます。

　そしてシステムの中央機関が存在しないことから，国家の介入も難しく，国境を越えた取引のコストダウンや全銀システムなどの特定の大規模システムの利用料の回避といったことが可能になる，という利点から期待が高まっている技術といえます。とはいえ，技術的な問題やコスト上の問題では測れないのが貨幣や金融システムですので，その点も合わせて是非や利用方法を考える必要があるでしょう。また現段階では価格変動が大きく，投機的側面が強いということにも注意が必要です。

ICTによる既存のサービスの変化

　ビットコインなどのような暗号資産はICTによって生じた新しい金融サービスといえるでしょうが，フィンテックといわれる金融サービスの多くは既存の金融サービスがICT，とりわけスマートフォンやインターネットと結びつくことで提供されるようになったものです。

　本章の冒頭で挙げたスマートフォンでの決済はその典型です。決済自体は第2章で説明したとおり，昔から存在する金融サービスです。それがスマートフォンやQRコードという情報伝達ツールの普及・発展によって，現金という形をとらず電子データという形で実現できるようになったのです。具体的に分解して説明しましょう。現金を使った決済は，強制通用力を持つ通貨を手渡すことで，決済を行っています。それに対してスマートフォンを使った決済は現金の持つ力を電子ウォレット上に移し替え，その増減を画面上で確認できるようにすることで，現金を引き出し，持ち運び，保管するという行為を省略（節約）しているのです。

　またマネーフォワード社の提供する資産管理サービスなどもそうでしょう。マネーフォワード社の資産管理ソフトでは，クレジットカードや銀行口座を登録することで，毎日のお金の出入りを記録し，自分の保有する資産状況が一覧できるようになります。またその情報をもとにすることで，関連して保険の見直し，携帯電話料金の見直し，確定申告の補助などのサービスを提供することを可能にしています。これらもまた，従来であれば家計簿をつけたり自分で情報収集をしたりという形で行われていた個別の取り組みを1つのアプリに集約することで，利用者の時間や労力を節約しています。

　フィンテックというサービスは，一見すると新しく特殊なもののようにみえますが，基本的には既存の金融サービスの形態変化なのです。ほかにもビッグデータとAIを使った与信サービス，AIによる投資アドバイスを行うロボアドバイザー，最適な保険の比較（保険とICTとの結合はインシュアテックとも呼ばれます）など，いまではさまざまなフィンテックサービスが提供されています。

非金融業によるフィンテックサービス

　こうした新しいサービスは，その多くが金融業界以外からも登場しています。例で挙げたビットコインは分散型，すなわちどこかに中央銀行のような中央集権的な存在があるのではなく参加者による記録の管理が行われる仕組みであり，その目的は各国の中央銀行にコントロールされない形での送金の実現でした。こうした背景を持っていたため，当然ながら登場時には免許事業者である銀行が関わるのではなく，民間の交換業者によって取引が仲介されていました。

　また，スマートフォンでの決済についても，やはり既存の決済システムの抱える問題への対応から登場しています。たとえば日本では，銀行振込を通じた取引手数料や現金を取り扱うコストを圧縮できるという理由でキャッシュレス決済が推進されており，すでに普及しているスマートフォンを使った決済サービスが登場してくることになります。また第**2**章の**Column❷**で少し述べていますが，中国では銀行振込等では実現できなかった，商品の受け渡し確認と同時に支払いを行うことを保証するために，すなわち遠隔地取引に伴う信用リスクをカバーするというサービスのために登場しています。商品の受け渡しと引き換えに資金移転を行うというのは，既存の金融業でも提供されているサービスですが（船荷証券などが担保として付けられている荷為替手形を用いた決済サービスなど），小売りの，しかも EC（電子商取引）サイトを通じた取引では当時は存在しませんでした。

　また，保険などであれば，AI を使うことで複数の保険会社の商品を一斉に比較したり，顧客情報に最適な保険を，会社を問わず提供するというサービスが存在しますが，これも最初は既存の保険会社や金融機関からは出てきません。なぜなら，既存の保険会社は自社の商品を売りたいですし（自社の商品への自信もあるでしょう），窓口で保険を取り扱う金融機関も関係する保険会社の商品のみを売ります。デジタル化によって，既存の取引関係のない企業によるサービスが提供されることで，こうしたサービスが誕生してきました。

　これは，別の見方をすれば非金融企業による金融サービスの提供，ということができます。そもそも金融サービスとは基本的には金融機関によってのみ提供されるものです。非金融企業がそこに関わろうとする場合，金融機関と顧客

との間に入って，仲介することになります。間に入るということは手間を1つ増やす，ということになるのですが，デジタル化によってロスが少ない状態で金融機関と顧客との間に入って金融サービスを仲介できるようになりました。ただし，こうして実現された非金融企業による金融サービスの提供は，経済効率とは別の問題をもたらしました。金融業の公共性ゆえに課せられている許認可の問題です。

日本でのフィンテック企業

　非金融業者による金融業への参入は，規制監督の面でも変化をもたらしました。銀行をはじめとして，金融業は社会において公共的な側面を持つ企業です。本書でこれまでみてきたことからわかるとおり，金融は経済社会の発展と継続性に欠かせない存在です。したがってその多くの業種が，さまざまな法律によって活動を定められており，規制当局による監督下にあります。たとえば銀行であれば銀行法，証券会社であれば金融商品取引法，保険会社であれば保険業法，といったものです。

　しかし，新しく登場したフィンテックサービスを提供する企業には，登場時には当てはまる法律がありませんでした。法律がないということは，規制の根拠も持たないということです。そのため，暗号資産（当時は仮想通貨と呼ばれていました）の取引が注目されるなか，2014年に世界最大規模の交換業者マウントゴックス（Mt.GOX）社が破綻するといった事件が起こった際，暗号資産の交換業者を規制する官庁がないこと，利用者保護のための仕組みがないことなど，法律や監督体制が追いついていないことが明らかとなりました。

　そしてマウントゴックス事件以降，日本では次々と興隆してくるフィンテックサービスに法的に対応する必要性が認識され，資金決済に関する法律（資金決済法）の改正を中心に新しい仕組みが生み出されてきました。フィンテック企業もまた，こうして既存の金融監督体制のなかに組み込まれていきます。ここではそうした動きも踏まえて，フィンテック企業の分類について，いくつかの例を示しておきます。

　まずはモバイル決済などの新しい決済サービスを提供する企業ですが，これらは資金移動業というカテゴリーに位置づけられます。資金移動業とは資金決

済法によって規定されており，従来は銀行等の預金取扱金融機関には認められていなかった為替取引を営むことができる事業者です。PayPay や楽天 Edy などが該当します。こうした資金移動業を行うためには，財務局長の登録が必要です（登録された業者の一覧は公表されていますので，誰でもみることができます）。

　ほかに類似のカテゴリーとして，前払式支払手段発行業があります。これも資金移動業と同じく資金決済法によって規定されます。前払式支払手段とは，事前支払いによってチャージしたり，残高を発行するタイプのサービスであり，Suica などのプリペイドカードや図書券などの商品券といったものが該当します。オンラインゲームのポイントなども該当します。

　ここで挙げた資金決済法は，2010 年に施行されていますが，近年のフィンテックに対応するために 20 年に改正，21 年に施行されました。この改正によって，近年のフィンテック事業者の活動を法的にも把握・監督する体制がとられています。

　また同種の事業としては，電子決済等代行業があります。これは資金移動業とは異なり，業者の口座に入金し，その残高の増減で決済をする形ではなく，預金者の指示を受け銀行口座などの資金を移動させる形のサービスなどが該当します。具体的な企業としては GMO ペイメントゲートウェイなどがあります。また，家計簿アプリや会計サービスなども，銀行口座にアクセスするために，電子決済等代行業にカテゴライズされています。電子決済等代行業に関する法律上の対応は，2018 年に施行された銀行法などの改正によってなされていますが，これは業者自身がお金を預かるのではなく，利用者が保有している銀行預金などを利用するために，このような形になっています。

　このように，おもに決済に関わるフィンテック業者の登録カテゴリーを整理するだけでも，金融との関わり方の違いや対応する法律の違いがみえてくるかと思います。さらにいえば，暗号資産を取り扱う暗号資産交換業は，資金決済法によって管轄されていますし，AI を利用したロボアドバイザーは，その業態によって変わりますが投資助言・代理業ないし投資運用業となるため，金融商品取引法によって規制されることになります。

　ICT の進歩やビジネスの展開は非常に速く，新しいフィンテックサービスは日々拡充していますが，もととなる金融サービスとの関連をみておけば，その

サービスの本質はわかります。法律のうえでも，そのような本質に基づいた対応がなされています。

金融機関とデジタル化

ICT の普及は，非金融企業による新しい金融サービスの提供だけをもたらしたわけではありません。既存の金融業もまた，ICT を活用し，サービス提供の効率化，利便性の向上をめざすようになりました。

1つは，銀行をはじめとする金融機関によるフィンテックサービスの提供です。フィンテック企業が提供する金融サービスは，既存の金融サービスをスマートフォンなどの ICT を利用して提供するものです。そうであれば，既存の金融サービスを提供している銀行なども，ICT を活用すれば，フィンテックサービスを提供することは不可能ではないでしょう。実際に，J-Coin Pay やBank Pay，ゆうちょ Pay など，銀行側もコード決済（モバイル決済の一種で QRコード決済とバーコード決済を合わせたもの）を提供するようになり，やがて「ことら」という送金アプリも登場するようになりました。また，フィンテック企業と銀行が提携し，銀行の強みを生かしたフィンテックサービスの提供なども模索されています。

それに加えて，新しいフィンテックサービスと競合する既存のサービスにおいても，価格低下の圧力が加わります。顕著なのが銀行振込の手数料でしょう。従来は他行宛ての振込は数百円以上の手数料がかかっており，それも振込金額が大きくなるにつれ高くなっていました。しかしフィンテック企業が提供する利用者間での資金移動は場合によっては手数料無料となっています。そうした無料でのサービスが提供できるのは，利用者間の資金移動によって利益を得るのではなく，別のサービスから収益を得るというビジネスモデルだからですが，同じ機能を提供するのに価格差がある場合，顧客は安いサービスに移行していきます。また，振込手数料自体は，本来的にはもっと安く提供できたという側面もあり，銀行振込などは手数料の見直しを迫られました。

既存のサービスの高度化・効率化という意味では，既存の金融サービス提供に金融 DX を活用することでコストを抑え，収益性を高めるという動きも模索されています。直接的なフィンテックサービスの提供とは異なりますが，DX

化によってデータの活用が見直されたり，サービスの提供方法が見直されるなどといった変化も，金融業界はみせています。こうした既存業務に軸を置いたDX化による影響は，窓口業務のリモート化，インターネットバンキングの推進，人件費抑制，ペーパーレス化・電子化，作業効率の向上による人材の再配置といった部分で捉えることができるでしょう。

デジタル化による金融機能の分化

　このように，金融業・非金融業を問わずフィンテックサービスが提供され，さらには金融業の業務そのものの効率化によるサービスが向上したことは，社会にどういった変化を生じさせるのでしょうか。まず，顧客サイドの金融サービスへの関わり方が変わったことです。従来，金融サービスを利用しようとした場合，店舗に行って説明を聞き，サービスを利用していました。そのため待ち時間も含め，長い時間を必要としていました。一部の慣れた人はインターネットを使ってサービスを受けるということもしていましたが，説明が難しいことも含め，その使い勝手は現在と比べると良いものではありませんでした。

　ところが，スマートフォンの普及と高速通信網の普及が進むにつれ，スマートフォンを利用した金融サービスが数多く提供されるようになり，やがてその利用に関する情報が蓄積されていくようになります。するとある種の教育効果が出始めます。そして，世の中の多くの人達も使っているということでさらに利用者が増えていく，という正の循環が生まれます。金融はプラットフォームビジネスの側面がありますので，利用者が多くなればなるほど利便性が高まり，さらにコストが下がり利便性が高まっていくのです。

　また，デジタルベースで金融サービスが提供されるようになると，多方面でのビジネス展開が行われる素地が生まれます。アプリで支払いができるようになるならば，そのアプリでついでにネット通販を行えるようにすれば，購入と支払いが連動するため手間がかかりません。同じ理由でチケットの手配や宿泊の手配を組み合わせることもできるでしょう。場合によっては証券投資もできるようになるかもしれません。逆に証券投資から家計管理につなげることも高いシナジー効果を発揮しそうです。このように，金融サービスの提供と金融機関が切り離されていくことを金融のアンバンドリングといいますが，こうした

（出所）　PayPay 提供。

動きがフィンテックの興隆のなかで進んでいきました。かつては預金・借入・支払い，といった機能は銀行のみが提供するもの，という認識がありました。それが，ICT によって銀行が直接関わらなくても金融サービスとして提供されるようになること，すなわちサービスとしての銀行業（Banking as a Service：BaaS）という現象が生じています。このように金融のアンバンドリングが ICT と同時に展開されることで，1 つのアプリのなかにさまざまな金融サービス，非金融サービスを提供することができるようになります（図11.1）。

POINT

■ フィンテックは，決済を軸にさまざまな金融サービスをデジタル化しています。
■ フィンテックは金融業だけでなく，IT をはじめとする非金融業からも提供されています。
■ フィンテックは，金融機関と金融サービスを切り離す，金融のアンバンドリングを加速的に生じさせます。アンバンドリングされた金融サービスは，再度アプリケーション上で組み合わされ，新たなサービスとして展開されます。

3 拡大するフィンテック市場

┃ 市 場 規 模 ┃

　これまで，フィンテックとはどういったものか，どういった企業やサービス
があり，どのような意義を持つのか，といったことを整理してきました。続い
て社会へのインパクトを測るために，限られたデータではありますが，市場規
模などを数字でみてみましょう。

　フィンテックのなかでもとくに成長速度の速いのは決済関連でしょう。図
11.2 は 2018 年から 21 年にかけてのコード決済に関する利用動向を調査した
ものです。この図によると，コード決済は 18 年の店舗での利用金額は約 1650
億円だったのが，21 年には約 7 兆 3500 億円となっており，3 年間で約 44 倍に
なっています。利用件数だと，18 年には約 5200 万件だったものが，21 年には
約 49 億件と約 94 倍になっています。このように，利用件数の急増からもモバ
イル決済に代表されるフィンテックの拡大と定着がみて取れます。

　そして決済以外のフィンテックサービスも，その市場規模は無視できない大
きさになっています。たとえば第 7 章で取り上げたクラウドファンディング市
場のうち，融資型のものの市場規模は 2020 年時点で 1000 億円を超えています。
融資型のクラウドファンディングは，ソーシャルレンディングとも呼ばれ，
ネット上でお金を借りたい企業や個人とネット上でお金を貸したい企業や個人
とを結びつけて，融資を実現するサービスです。

┃ 世界におけるフィンテック市場 ┃

　世界では，フィンテックの拡大は銀行を補完するという見方もあります。た
とえば第 10 章で説明した世界金融危機後のアメリカでは，銀行の貸出が減っ
ていくなかでノンバンク（➡第 6 章）が貸出を増やしていましたが，これには
フィンテックも大きな役割を果たしていたといわれています。アメリカの連邦
預金保険公社のレポートでは，業界の調査から推定すると 2016 年時点で約

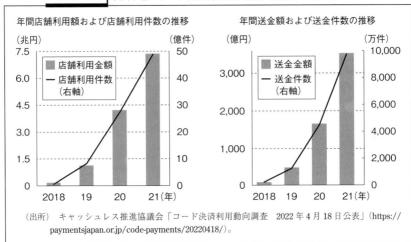

CHART 図11.2 コード決済利用動向調査（2018～21年）

年間店舗利用額および店舗利用件数の推移

（兆円）　　　　　　　　　　　　　（億件）

- 店舗利用金額
- 店舗利用件数（右軸）

年間送金額および送金件数の推移

（億円）　　　　　　　　　　　　　（万件）

- 送金金額
- 送金件数（右軸）

（出所）　キャッシュレス推進協議会「コード決済利用動向調査　2022年4月18日公表」（https://paymentsjapan.or.jp/code-payments/20220418/）。

128億ドルの貸出規模があるとされています。

　また，CB Insights 社の「State of Venture 2021 Report」によると，2020年には480億ドル，21年には1320億ドルの資金がフィンテック関連のスタートアップ企業に投じられているといわれています。

　2020年でも十分大きいのですが，21年には169％増と大幅な成長をみせている分野です。その規模はベンチャー企業全体への投資の2割を占めており，世界経済の発展の原動力となっているといっても過言ではないでしょう。

　みなさんは「ユニコーン」というベンチャー企業の呼び名を聞いたことがあるでしょうか。評価額が10億ドルを超え，かつ設立10年以内の非上場の企業をさす言葉です。新興の企業なのに規模が非常に大きいとなると，その成長度合いは高い注目を集めます。2021年末時点では1000社弱といわれていますが，そのうちの25％はフィンテック企業です。

　このように，ICTと金融が結びついたフィンテックサービスは，新しい時代のビジネスとして注目を浴びるだけでなく，実際にその規模も順調に拡大させており，話題性だけのものではないことがわかります。

Column ❾ 海外におけるフィンテックサービスの展開

　日本でもコード決済を中心に，フィンテックサービスが目立つようになってきましたが，諸外国ではどうでしょうか。

　フィンテック利用で先端を行っている国として，中国が挙げられます。第 **2** 章の **Column❷** では，中国における決済のデジタル化について記しました。そして決済のデジタル化の普及は，その他のサービス展開をもたらしました。1 つは資産運用です。電子マネーであるアリペイ（支付宝）の利用者は，すぐには利用しない残高があった場合，それを 1 元単位で余額宝（Yuebao）という金融商品（MMF）に投資することができます。余額宝は必要な時にはいつでもアリペイに戻し，支払いに使えるうえ，1 日単位で利子を得ることができます。それだけの流動性を持ちながら，一時は 6％を超える利回りを提供するという，非常に優れた投資先です。また，決済のデジタル化が進んだ結果，収入の状況や日々の購買行動の情報などがそのアカウントの動きを通じてわかるため，個人の信用状況の把握は非常に精緻化されました。さらに生活上の多くのこと（交流，タクシー利用，出前，各種予約など）がスマートフォン上で行われるため，スマートフォンのプラットフォーム化が進みました。お金の動きが SNS の利用や生活状況などとも融合するようになり，個人の信用情報がスコア化されます。そのスコアに基づいてローンの審査が短時間でできるようにもなりました。

　こうしたフィンテックの展開は中国だけが特殊なわけではありません。中国と並ぶ人口大国であるインドでも，政府主導で国民の個人番号の普及，金融包摂の進展，デジタル化の推進を行った結果，たとえばバイクやスマートフォンを買う際のローンの申し込みなどが，スマートフォン上で行われることが当たり前になっています。また従来であれば借入の際の審査に数日必要だったのが，ローンの提供会社によってはわずか数時間で行えるようになったりしています。また，どういったお客さんがどのくらいお金を返せるのか，といったこともデータの蓄積と AI 分析からいままでよりも正確に割り出すことができるようになっていたりします。

　このように，フィンテックが普及していった国では，いままでの金融サービスが，より便利に，よりお得に，利用できるようになっているのです。

■ フィンテック市場は拡大しており，新しい産業として非常に有益です。
■ 世界的にみてもフィンテックの持つ可能性は大きいです。ベンチャー企業もフィンテック系が多く，経済成長の源泉の１つとして有力視されています。

4 フィンテックの課題と展望

デジタル化による金融排除と金融包摂の必要性

　ここまでフィンテックのもたらす可能性や有用性，そして発展速度といった，いわゆる正の側面を取り上げてきました。しかし，新しい技術というものは，意図しない形で問題を引き起こすことがあります。その１つがデジタルデバイドと呼ばれる，デジタル化に対する格差から生じる金融排除の問題です。

　金融排除とは，銀行口座を保有していない，借入などを受けることができないといった，経済活動に必要な金融サービスにアクセスできない状態のことをさします。一般には発展途上国の人々に生じる問題で，貧困層向けの小口融資であるマイクロファイナンスや，銀行の支店網の整備などが対策としてとられています。しかし，金融排除は基本的な金融サービスからの排除だけをさすのではありません。①アクセスでの排除，②条件での排除，③価格での排除，④マーケティングからの排除，⑤自己排除といった理由により，有用な金融サービスを受けられない状態をさす場合もあります。

　高齢者が陥る可能性が高いですが，スマートフォンを保有していない，保有していても十分に使いこなせない，不慣れなサービスのため理解が及ばない，といったことからフィンテックを活用できない，あるいは敬遠する人たちも少なくありません。いまはまだ，既存の金融サービスとフィンテックとが併存しているため問題は生じていませんが，フィンテックの規模が大きくなり，そのサービスが充実してきた際，安くて便利なサービスから取り残されてしまう人たちには，教育などを通じて対応する必要があるでしょう。こうした点から，日本での金融包摂を考えていく必要もあるでしょう。

消費者問題

　金融がデジタルベースで提供されることによって生じる問題として考えなければならないのは，デジタルデバイドだけではありません。消費者問題もまた重要な課題となります。デジタルデバイドが生じない人々にとって，スマートフォンを使った金融サービスの提供の増加は，金融に触れるためのハードルを下げることになります。これは金融包摂という意味では非常に意義のあることでしょう。その一方で，成人年齢の引き下げが生じたこととも関連するのですが，知識や経験のない消費者を準備のできていない段階で金融サービスに包摂してしまうことにもつながります。

　スマートフォンの利用開始年齢は成人となるより早いことが多く，現在ではタブレットやスマートフォンの扱いに子どもの頃から慣れる環境が整っています。その一方で，契約の意味や危険性といった教育は，機器の利用状況に比べると普及していないといえるでしょう。そうしたなかでは，気軽に金融サービスを利用してしまうということが生じます。たとえば，スマートフォンのアプリにお金をチャージしていれば，家の貯金箱からお金を出さなくてもよくなり，決済が簡単になることから，お小遣いを使いすぎてしまうということも起こるかもしれません。ゲームへの課金や投げ銭などもそうです。あるいは複数回のタップによってお金を借りることができれば，計画性を持たない段階で安易にお金を借りてしまうかもしれません（計画性があればよいのですが……）。また，ICT に慣れていない場合は，偽サイトの誘導や脅迫的な表現の嘘を見抜くことができず，詐欺にあってしまうこともあるでしょう。

　サービスの提供時点では，起こりうるありとあらゆる問題を完全に想定することはできません。そのため，ICT によるサービスの提供形態の変化に対応した教育や法律上の対応などは，基本的には世の中に実際に起きる現象に遅れて整備されます。フィンテックが社会に根づいていき，社会の効率を高めていくためには，起こりうる問題に対処していくことも重要です。

中央銀行デジタル通貨（CBDC）

　民間での支払手段がデジタル化していく社会を，中央銀行はどのようにとら

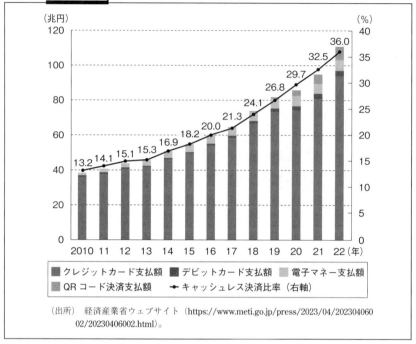

CHART 図11.3 日本のキャッシュレス決済比率の推移
（2010 ～ 22 年，図 2.4 再掲）

（凡例）
■ クレジットカード支払額　■ デビットカード支払額　■ 電子マネー支払額
■ QR コード決済支払額　―●― キャッシュレス決済比率（右軸）

（出所）　経済産業省ウェブサイト（https://www.meti.go.jp/press/2023/04/202304060
02/20230406002.html）。

えているのでしょうか。その反応の1つは中央銀行デジタル通貨（Central Bank
Digital Currency: CBDC）を取り巻く議論です。

　社会が効率性を追求していった結果，現金の利用が減り，スマートフォンな
どのデジタルツールの利用を含めたキャッシュレス化が進んでいます。日本に
おいては，キャッシュレス化は社会の効率性だけでなく，インバウンド需要の
取り込みということも目的にはなっていましたが，政府の政策としてキャッ
シュレス化が進められていたことは記憶に新しいと思います。日本政府は
2025 年にはキャッシュレス決済比率を 4 割程度にすることをめざし，将来的
には 80％をめざしています。そうして官民でキャッシュレス化に取り組んだ
結果，図 11.3 にあるように，2015 年時点では 18％にすぎなかったキャッシュ
レス比率は，22 年には 36％にまで上昇しました。

　こうしたキャッシュレス化の推進のなかで，日常の決済の基準となっている
現金そのものをデジタル化するという案が議論されています。現在のコード決

済などは，現実に存在する現金や預金通貨をデジタルな財布（ウォレット）のなかに移し替えたうえで使っている状態です。それに対し，そもそも現金を最初からデジタル化して中央銀行が発行すればよいのではないか，という意見が出ています。

　ただ，中央銀行の債務として発行されている現金がデジタル化される，というのは，単純な技術の問題に留まりません。形のある現金を別のデジタルに置き換える場合は，現在のモバイル決済などに近い，デジタル通貨を保持するウォレット間で資金を移動させる形がイメージされます。しかし，中央銀行がデジタル通貨を発行する場合，民間の取引をすべて中央銀行が記録・管理するのか，CBDC を民間の企業がどこまで活用できるのか，現在の銀行が行っている信用創造は誰が行うのか，新規預金創設による貸出のリスクを中央銀行が負っていいのか，といったような解決すべき問題が生じます。いろいろと可能性は議論されていますが，実際に行うには高いハードルが存在するでしょう。

▌イノベーションは成長の原動力▐

　このように，さまざまな問題点や今後の課題を示してきましたが，新しいサービスが登場する時には，こうしたことは必ず生じます。それは政府が対応できない場合，個人が対応できない場合，企業が対応できない場合など，さまざまです。ただし，新しいことに挑戦しなければ混乱が生じないとはいえ，停滞する可能性もあり，それが望ましいというわけではありません。

　歴史を振り返れば，新しい仕組みの導入による混乱の時期の方が多いかもしれません。金属貨幣が紙幣に置き換わる時には，紙幣を十分に信用できない市民や，信用貨幣を過剰に創り出す銀行が出ました。そもそも金融というビジネスが登場した時期などにも，金融業に対しては偏見も生じましたし，金融業も過度に利潤追求を行って社会から反発を受けることもありました。金融工学が発達した結果，金融機関の連鎖的な倒産などの万が一のリスクを軽視するようになったりもしました。

　しかし，さまざまな問題を生じさせつつも，金融は発展を続けてきました。新しい金融サービスによって豊かな社会を築けた部分は否定はできません。そもそもJ.A.シュンペーターのいうように，イノベーションをもたらす起業家へ

のリスクをとった貸出などがなければ，社会は発展してこなかったわけです。そういう意味では，フィンテックの興隆によって，社会は問題が生じるものだと覚悟すべきでしょうし，そうした課題に対し対策を取りつつ，よいところは生かしていくべきでしょう。私たちは，変わる時代に生きる，という認識が必要なのではないでしょうか。

EXERCISE

- □ 1 身近なものでフィンテックといえるサービスをいくつか挙げてみましょう。そして，そのサービスのもととなる金融サービスは何か，デジタル化で何が変わったのかを，考えてみましょう。
- □ 2 フィンテックの浸透している中国やインドなど，他国の現状を調べてみましょう。そして日本とは，どのような点で異なっているのか考えてみましょう。

読んでみよう　　　　　　　　　　　　　　　　　　　　　Bookguide ●

伊藤亜聖［2020］『デジタル化する新興国──先進国を超えるか，監視社会の到来か』中央公論新社（中公新書）
　→経済のデジタル化が急速に進む新興国について，その要因や影響が述べられています。経済のデジタル化が進むなかでの金融という視点を得られます。
西村友作［2022］『数字中国（デジタル・チャイナ）──コロナ後の「新経済」』中央公論新社（中公新書）
　→中国のデジタル化とキャッシュレス化を，平易な言葉で伝えてくれます。

著者自身の使用感など，利用者側の視点からもわかりやすく伝えてくれる
本です。

李智慧［2021］『チャイナ・イノベーション２──中国のデジタル強国戦略』
日経 BP
→フィンテックをはじめ，中国のイノベーションを推進する企業について知
ることのできる本です。

引用・参考文献

〈日本語文献〉

飯島寛之・五百旗頭真吾・佐藤秀樹・菅原歩［2017］『身近に感じる国際金融』有斐閣

池尾和人編著［2004］『入門金融論――エコノミクス』ダイヤモンド社

砂川伸幸［2017］『コーポレートファイナンス入門（第 2 版）』日本経済新聞出版社

入江恭平［2019］『戦後国際金融の歴史的諸相――帰結としての世界金融危機』日本経済評論社

岩田一政・左三川郁子・日本経済研究センター編著［2018］『金融正常化へのジレンマ』日本経済新聞出版社

植田和男［2017］『大学 4 年間の金融学が 10 時間でざっと学べる』KADOKAWA

内田浩史［2016］『金融』有斐閣

大垣尚司［2004］『金融アンバンドリング戦略』日本経済出版社

大野早苗・小川英治・地主敏樹・永田邦和・藤原秀夫・三隅隆司・安田行宏［2007］『金融論』有斐閣

大村敬一・浅子和美・池尾和人・須田美矢子［2004］『経済学とファイナンス（第 2 版）』東洋経済新報社

緒方四十郎［1996］『円と日銀――セントラル・バンカーの回想』中央公論社（中公新書）

翁邦雄［2022］『人の心に働きかける経済政策』岩波書店（岩波新書）

梶谷懐・高口康太［2019］『幸福な監視国家・中国』NHK 出版

金井雄一［2004］『ポンドの苦闘――金本位制とは何だったのか』名古屋大学出版会

金井雄一［2023］『中央銀行はお金を創造できるか――信用システムの貨幣史』名古屋大学出版会

釜江廣志編［2015］『入門証券市場論（第 3 版補訂）』有斐閣

上川孝夫［2015］『国際金融史――国際金本位制から世界金融危機まで』日本経済評論社

上川孝夫・藤田誠一編［2012］『現代国際金融論（第 4 版）』有斐閣

上川孝夫・藤田誠一・向壽一編［1999］『現代国際金融論』有斐閣

川合一郎編［1976］『金融論を学ぶ』有斐閣

川波洋一・上川孝夫編［2016］『現代金融論（新版）』有斐閣

川波洋一・前田真一郎編著［2011］『消費金融論研究』消費金融論研究会

川西諭・山崎福寿［2013］『金融のエッセンス』有斐閣

木内登英［2018a］『銀行デジタル革命――現金消滅で金融はどう変わるか（決定版）』東洋経済新報社

木内登英［2018b］『金融政策の全論点――日銀審議委員 5 年間の記録』東洋経済新報社

栗原裕［2015］『グローバル金融』晃洋書房

黒田晁生［2011］『入門金融（第 5 版）』東洋経済新報社

酒井良清・鹿野嘉昭［2011］『金融システム（第 4 版）』有斐閣

榊原茂樹・城下賢吾・姜喜永・福田司文・岡村秀夫［2013］『入門証券論（第 3 版）』有斐閣

坂下晃監修，鳴滝善計・外島健嗣・田村香月子著［2019］『証券投資の基礎知識』晃洋書房

佐藤隆広・上野正樹編［2021］『図解インド経済大全――政治・社会・文化から進出実務まで 全 11 産業分野（73 業界）収録版』白桃書房

佐野修久［2022］『自治体クラウドファンディング――地域創生のための活用策』学陽書房

嶋村紘輝［1996］『入門経済学（第 2 版）』中央経済社

清水克俊［2018］『金融経済学入門』東京大学出版会

代田純［2022］『デジタル化の金融論』学文社

代田純編［2023］『入門銀行論』有斐閣

鈴木健嗣［2017］『日本のエクイティ・ファイナンス』中央経済社

住友信託銀行著・住信ビジネスパートナーズ株式会社編［2010］『証券業務の基礎（2010 年版）』経済法令研究会

全国銀行協会企画部金融調査室編［2017］『図説　わが国の銀行（10 訂版）』財経詳報社

田中隆之［2014］『アメリカ連邦準備制度（FRS）の金融政策』金融財政事情研究会

田邉昌徳［2019］『令和金融論講座──ビットコインからマイナス金利まで』武蔵野大学出版会

田村威［2021］『投資信託──基礎と実務（18 訂）』経済法令研究会

筒井義郎編［2000］『金融分析の最先端』東洋経済新報社

中島真志・島村髙嘉［2023］『金融読本（第 32 版）』東洋経済新報社

浪川攻［2019］『地銀衰退の真実──未来に選ばれし金融機関』PHP 研究所（PHP ビジネス新書）

西川俊作編，浅子和美・池尾和人・大村敬一・須田美矢子［1995］『経済学とファイナンス』東洋経済新報社

仁科一彦［1997］『現代ファイナンス理論入門』中央経済社

西村友作［2019］『キャッシュレス国家──「中国新経済」の光と影』文藝春秋（文春新書）

日興リサーチセンター［2019］『金融経済と資産運用の基礎──金融リテラシーを身に付ける「おカネの教科書」』ブイツーソリューション

日本銀行金融研究所［1995］『わが国の金融制度（新版）』日本銀行金融研究所

日本銀行金融研究所編［2011］『日本銀行の機能と業務』有斐閣

日本証券経済研究所編［2022］『図説　日本の証券市場（2022 年版）』日本証券経済研究所

野崎浩成［2022］『教養としての「金融＆ファイナンス」大全』日本実業出版社

速水優［2004］『中央銀行の独立性と金融政策』東洋経済新報社

平島真一編［2004］『現代外国為替論』有斐閣

深見泰孝・二上季代司編著［2019］『地方証券史──オーラルヒストリーで学ぶ地方証券のビジネスモデル』金融財政事情研究会

深見泰孝・二上季代司編著［2022］『準大手・中堅証券史──史談で学ぶ，変革の時代の証券会社』金融財政事情研究会

藤原賢哉・家森信善編著［2002］『金融論入門』中央経済社

古川顕［2012］『R. G. ホートレーの経済学』ナカニシヤ出版

前田真一郎［2014］『米国リテール金融の研究──消費者信用の歴史的発展過程』日本評論社

前田真一郎［2023］『アメリカの金融制度と銀行業──商業銀行の業務展開』有斐閣

三重野康［1995］『日本経済と中央銀行──前日銀総裁講演録』東洋経済新報社

宮尾龍蔵［2016］『非伝統的金融政策──政策当事者としての視点』有斐閣

村本孜［2015］『信用金庫論──制度論としての整理』金融財政事情研究会

楊枝嗣朗［2012］『歴史の中の貨幣──貨幣とは何か』文眞堂

吉田暁［2002］『決済システムと銀行・中央銀行』日本経済評論社

吉冨勝［2003］『アジア経済の真実──奇蹟，危機，制度の進化』東洋経済新報社

吉野直行・藤田康範編著［2013］『金融危機と管理体制』慶應義塾大学出版会

吉原毅［2018］『幸せになる金融──信用金庫は社会貢献』神奈川新聞社

〈欧文文献〉

Allen, F. and D. Gale［2000］*Comparing Financial Systems*, MIT Press.

Bodie, Z. and R. C. Merton［2000］*Finance*, Prentice-Hall.（大前恵一朗訳［2001］『現代ファイナンス論──意思決定のための理論と実践（改訂版）』ピアソン・エデュケーション）

Brealey, R. A., S. C. Myers and F. Allen［2011］*Principles of Corporate Finance*, 10th ed., McGraw-Hill.（藤井眞理子・國枝繁樹監訳［2014］『コーポレートファイナンス（第 10 版）』上・下，日経 BP

社）

Caves, R. E., J. A. Frankel and R. W. Jones［2002］*World Trade and Payments: An Introduction*, 9th ed., Addison-Wesley.（伊藤隆敏監訳・田中勇人訳［2003］『国際経済学入門Ⅱ　国際マクロ経済学編』日本経済新聞社）

Crane, D. B., K. A. Froot, S. P. Mason, A. F. Perold, R. C. Merton, Z. Bodie, E. R. Sirri and P. Tufano［1995］*The Global Financial System: A Functional Perspective*, Harvard Business School Press.（野村総合研究所訳［2000］『金融の本質──21世紀型金融革命の羅針盤』野村総合研究所広報部）

Felix, M.［2014］*Money: The Unauthorised Biography*, Vintage.（遠藤真美訳［2014］『21世紀の貨幣論』東洋経済新報社）

Graever, D.［2011］*DEBT: The First 5,000 Years*, Melville House.（酒井隆史監訳，高祖岩三郎・佐々木夏子訳［2016］『負債論──貨幣と暴力の5000年』以文社）

Ingham, G.［2004］*The Nature of Money*, Polity.

Knapp G. F.［1905］*Staatliche Theorie des Geldes*, Duncker & Humblot.（小林純・中山智香子訳［2022］『貨幣の国家理論』日本経済新聞出版版）

Krugman, P. R., M. Obstfeld［1994］*International Economics: Theory and Policy*, 3rd ed., Harper Collins College Publishers.（石井菜穂子・浦田秀次郎・竹中平蔵・千田亮吉・松井均訳［1996］『国際経済──理論と政策Ⅱ　国際マクロ経済学（第3版）』新世社）

Rogoff, K. S.［2016］*The Curse of Cash*, Princeton University Press.（村井章子訳［2017］『現金の呪い──紙幣をいつ廃止するか？』日経BP社）

Wray, L. R.［2012］*Modern Money Theory: A Primer on Macroeconomics for Sovereign Monetary Systems*, Palgrave Macmillan.（鈴木正徳訳［2019］『MMT現代貨幣理論入門』東洋経済新報社）

索　引

【有斐閣ストゥディア】

変わる時代の金融論

Finance in New Era: Changing Instruments and Unchanging Functions

2023 年 9 月 10 日 初版第 1 刷発行

著　者	前田真一郎・西尾圭一郎・高山晃郎・宇土至心・吉川哲生
発行者	江草貞治
発行所	株式会社有斐閣
	〒101-0051 東京都千代田区神田神保町 2-17
	https://www.yuhikaku.co.jp/
装　丁	キタダデザイン
印　刷	萩原印刷株式会社
製　本	大口製本印刷株式会社
装丁印刷	株式会社亭有堂印刷所

落丁・乱丁本はお取替えいたします。定価はカバーに表示してあります。
©2023, S. Maeda, K. Nishio, A. Takayama, M. Uto, T. Yoshikawa.
Printed in Japan. ISBN 978-4-641-15114-7